U0922934

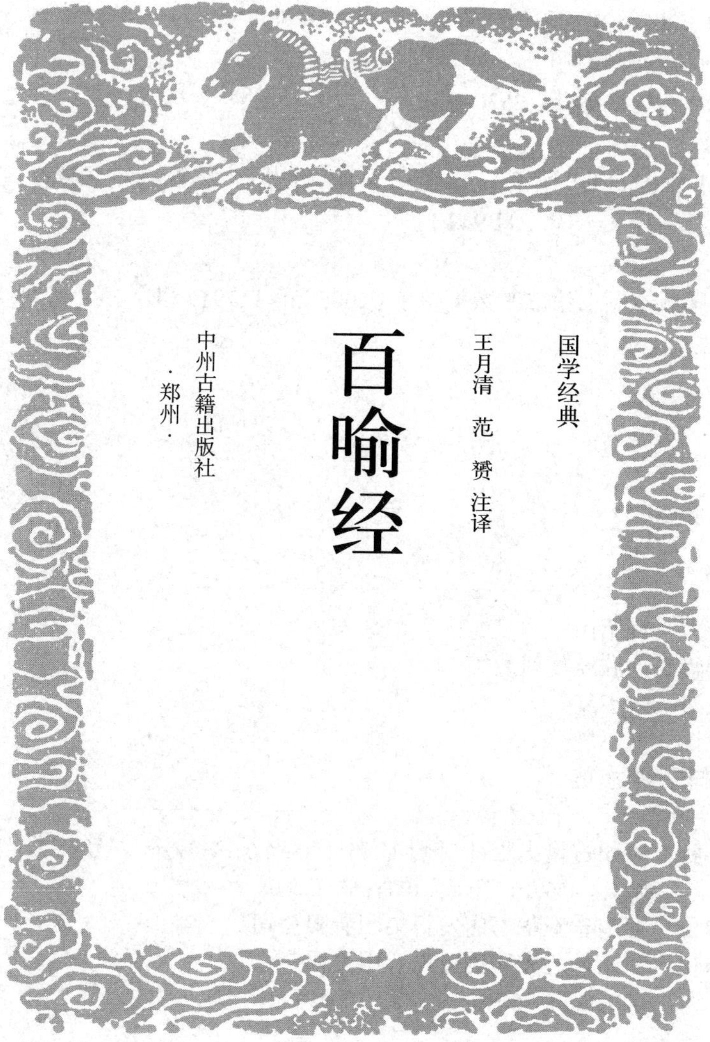

国学经典

王月清　范　赟　注译

百喻经

中州古籍出版社
·郑州·

图书在版编目（CIP）数据

百喻经 / 王月清，范赟注译 .—郑州 ：中州古籍出版社，2007. 4（2024. 8 重印）
（国学经典丛书）
ISBN 978-7-5348-2530-9

I. ①百… Ⅱ. ①王… ②范… Ⅲ. ①佛经 ②百喻经 - 注释 ③百喻经 - 译文 IV. ① B942.1

中国版本图书馆 CIP 数据核字（2005）第 117913 号

BAI YU JING
百喻经

出 版 人 许绍山
责任编辑 卢欣欣 何慧婷
责任校对 牛卢红
装帧设计 张 胜
美术编辑 李志英

出 版 社 中州古籍出版社（地址：郑州市郑东新区祥盛街 27 号 6 层 邮编：450016 电话：0371-65723280）
发行单位 河南省新华书店发行集团有限公司
承印单位 河南瑞之光印刷股份有限公司
开　　本 640 mm × 960 mm 1/16
印　　张 14.5
字　　数 175 千字
印　　数 40 001—43 000 册
版　　次 2007 年 4 月第 1 版
印　　次 2024 年 8 月第 10 次印刷
定　　价 18.00 元

本书如有印装质量问题，请联系出版社调换。

前　言

作为一部以寓言故事来譬喻佛法义理的作品，《百喻经》在佛教典籍中别具一格，并以其篇幅短小精悍、设喻诙谐巧妙，但又说理明晰的特征，为佛教的广泛传播做出了重要贡献，在中印两国文学史上也占有重要地位。

一

在诸多汉译譬喻经典之中，《百喻经》是最为脍炙人口的典籍之一。但是这部广为流传的经典却存在着许多版本、校勘和佚文等方面的问题。这里根据目前的研究简要介绍一下《百喻经》的版本情况。

据今本《百喻经》的记载，该书是尊者僧伽斯那所著、求那毗地所译。今存《百喻经》各本共有两种不同的分卷方式：一种分为四卷，如《大正藏》卷四“本缘部下”所收即是如此，此种版本的卷首没有引言；另一种分为上下两卷，如《碛砂藏》所收，单行本多作此划分，其卷前有“闻如是”引言一段，不过这段引言现在大多认为是后人所加。

今存宋元明清各版《大藏经》以及《高丽藏》、《大正藏》之中收录的《百喻经》历来被认为是原本。不过从今存诸经录来看，唐代以前对于《百喻经》的著录已经含糊不清了。根据七部经录的记载，唐代以前的《百喻经》分别有三十八卷本、十卷本、五卷本、四卷本和一卷本等不同说法，译者也有求那毗地、支谦两种不同的记载。其中今存于各版《大藏经》之中的《百喻经》虽有二卷和四卷的不同，但都是属于同一个系统的，只是可能由于装订而造成分卷的不同，文字上出入甚微。除此二译本之外，还存在某种全译本或某些单篇的译文。《长房录》卷十一中首次明确说求那毗地的译本是“第三译”，这种说法表明求那毗地的译本应该不是单独译本。梁人僧佑又称《百喻经》有“安世高出《五阴譬喻》一卷”、“竺法护出《譬喻三百首经》二十五卷无别题，未详其名”、“释法炬出《法句譬喻》六卷”、“求那毗地出《百句譬喻》十卷”、“康法邃出《譬喻经》十卷”五种译本。

1999 年 7 月，人民文学出版社出版了《鲁迅辑录古籍丛编》，其中收录的《百喻经》引起了学术界广泛的关注和争论。鲁迅在日本留学时曾阅读多部佛经，并于民国初年居于北京时购买过大量佛经。《百喻经》是鲁迅先生最为喜爱的佛经之一，他曾购藏以及阅读过包括日本翻刻高立本、野天佑门卫校勘本、常州天宁刻经处本等几部《百喻经》。他曾于 1914 年 7 月捐资请金陵刻经处刻印此经，1915 年 1 月完成。这就是现在很有影响的金陵刻经处本《百喻经》。这次印书的过程在《鲁迅日记》、《周作人日记》等著作中均有记载。

金陵刻经处本《百喻经》为木刻线装本，全一册，分为卷上、卷下两部分。卷上连目录共 29 页，卷下连目录共 27 页，共计 56 页，每半页 10 行，每行 20 字，据资料记载，经文应是由鲁迅先生亲自断句。书末有金陵刻经处的标识语：“会稽周树人施洋银六十圆敬刻此经连圈计字二万一千零八十一个印送功德书一百本余资六圆拨刻地藏十轮经。”新中国成立后文学古籍刊行社又依金陵刻经处本直行排印为大 32 开本的《百喻经》，全 1 册，分为卷上、卷下，卷上 39 页、卷下 37 页，前有目录 10 页，每页 11 行，每行 31 字。此书于 1955 年

8月在北京出版，1958年2月又在上海重印，流传甚为广泛。

二

《百喻经》为古印度僧人僧伽斯那所撰，他从《经藏》12部经中取98则譬喻故事，合辑为一部，加上书首“引言”与书末“偈颂”共为“百喻”。但由书末一句“尊者僧伽斯那造作《痴花鬘》竟”，可推知此经原名《痴花鬘》。南朝齐建元初年（公元479年），僧伽斯那的弟子求那毗地由印度来到中土传经，曾住在建邺（今南京）毗耶离寺、正观寺中讲学、传道、译经，齐末中兴二年（公元502年）冬圆寂。《百喻经》的汉译工作于南朝齐永明十年（公元492年）完成，是现存最早的经录之一，经书亦于汉译后改名为《百句譬喻经》（简称《百喻经》），自此得以在中土广泛流传。

《百喻经》的引言中特别表明此经记录的乃是佛祖释迦牟尼本人的训诫，是佛祖讲法的实录。不过对于该书究竟能否称之为“经”，历来有不同看法。佛陀涅槃之后，大弟子迦叶组织曾经亲闻佛祖教诲的弟子们复述释迦牟尼对佛教教义的解说，经过弟子们的共同审定结集，正式确定佛的遗教。此后佛弟子们还曾经进行多次类似结集，并逐渐用书面文字的形式代替了最初口耳相传的传教方式，这就是我们今天所看到的诸部佛经。而有学者认为既然《百喻经》并非完全是佛的言说，故不应当归于“经”的行列。我们认为，《百喻经》虽然不像其他佛经那样托名为释迦牟尼本人的著作，但它宣讲的教义与佛教基本教义是相符合的，而僧伽斯那也是从各本佛经中搜集譬喻故事而结集的，并非撰者自己编造，本书参考《大正藏》等书为书中一些譬喻故事找到了一些原型，以期为读者对这些故事的来源发展提供一些参考。总之，僧伽斯那是从各经中选取材料，并附以佛法说理，其目的是为了便于佛教教义的传播，以有利于初学者修行，应该视为佛教经籍的重要著作之一。

《百喻经》引言宣称释迦牟尼佛曾在王舍城鹊封竹园中举行法会，会上五百婆罗门学者向佛陀提出一连串问题，佛祖的解答具有鲜明的佛学思维特征，并令婆罗门学者顿时释疑，皈依佛门，而后佛祖又要为他们广说众喻，即为《百喻经》的来历。

经书的主体是九十八篇譬喻故事。每则故事均有两部分组成，即故事部分以及其后的说法部分。譬喻大多设计精巧，引人入胜，而说法部分则主要是佛教为明晰教义，尤其是要帮助修行者摆脱婆罗门等外道的误导，修行纯正的佛教义理，应该说是撰者的主要目的。这些故事中大多直接嘲讽"愚人"，他们通常被描绘成具有自己特别的一套思想方法和处世原则，并经常自以为是，因而时常明明陷于谬误却仍不自知，故而显得幽默可笑。不过有的故事中的愚人也并非一无是处，甚至还有所谓的愚人具有高超的处世技巧，只是与书中所要明确的佛教教义不合而已。我们在阅读的时候，可以各取所需，不必执拗于教义本身，而可以体悟不同层次的人生修养境界和处世风格。

最后一部分为一篇偈颂，其中引用了两则与药物有关的比喻，启示读者不仅要享受故事带来的快乐，更要去体会书中极力辨明的各种道理，其中还提出了"得意忘言"的观点，鲜明地烘托了全书弘教布道的核心意旨。

三

《百喻经》作为佛教典籍，其中的佛学思想也颇为值得关注。由于其成书的年代大约在 2~3 世纪之间，正是大乘佛教兴起之初，小乘佛教也还在延续，因此大小乘之间的争论在《百喻经》中也有一些痕迹。如第 53 个故事"师患脚付二弟子喻"，以二弟子比作佛教大乘、小乘两派，揭示了当时佛教界内部相互排斥、相互攻击的状况，明显表现了大乘佛学形成初期对小乘佛学的排斥，以及小乘佛学对大乘佛学的怀疑和否定。书中第 22 个故事"入海取沉水喻"则对小乘佛教的局限性进行了批评和否定。但总的来说，《百喻经》对佛教内部的这种矛盾，是主张调和的，认为大小乘之争只能使佛教发展受到阻碍，从而不利于佛教事业的发展。而后来大乘佛教在发展中以兼容的方式不断调和两者矛盾，最终使小乘佛学作为一种方便法门被吸收到大乘佛学之中，可以说是和《百喻经》的思路相一致的。

不仅如此，《百喻经》出现在部派佛教衰落、大乘佛教兴起的过渡时期，因而书中也对原始佛教以及部派佛教中的思想成就进行了概括和总结，还通过比喻的形式将诸如原始佛教的四谛、部派佛教的三法印等深奥的佛教哲学理论鲜活地表达出来。如第 60 个故事“见水底金影喻”很清楚地表达了“五阴之中没有真我”的思想。第 94 个故事“摩尼水窦喻”则阐明了“诸行无常”的思想。

《百喻经》也对刚刚兴起的大乘佛学思想有所反映。如第 61 个故事“梵天弟子造物因喻”可以看出龙树中观般若思想的影响，书中还多处有中道思想的印记。第 62 个故事“病人食雉肉喻”则体现了作者在中观学派和瑜伽行派这两种思想的对立之中，是基本倾向于中观思想的。

《百喻经》的佛教思想非常丰富，对于研究当时社会状况和佛教思想具有一定的文献价值。这次收录参考了荆三隆、邵之茜著《〈百喻经〉注释与辨析》，金陵刻经处版本的《百喻经》等，希望对《百喻经》的研究工作有所裨益。尤其需要指出的是，本书“参考资料”部分对屠友祥释译、佛光山宗务委员会印行的《百喻经》中的相关成果多有吸纳，特此致谢。同时，书中还附有对经书各则故事的简要评析，以飨读者。

编者

2005 年 8 月

目　录

引言 1
1. 愚人食盐喻 1
2. 愚人集牛乳喻 3
3. 以梨打破头喻 5
4. 妇诈称死喻 7
5. 渴见水喻 10
6. 子死欲停置家中喻 12
7. 认人为兄喻 15
8. 山羌偷官库衣喻 17
9. 叹父德行喻 20
10. 三重楼喻 22
11. 婆罗门杀子喻 25
12. 煮黑石蜜浆喻 27
13. 说人喜瞋喻 29
14. 杀商主祀天喻 31
15. 医与王女药令卒长大喻 33
16. 灌甘蔗喻 35
17. 债半钱喻 37

18. 就楼磨刀喻 39
19. 乘船失釪喻 41
20. 人说王纵暴喻 43
21. 妇女欲更求子喻 45
22. 入海取沉水喻 47
23. 贼偷锦绣用裹氀褐喻 49
24. 种熬胡麻子喻 51
25. 水火喻 53
26. 人效王眼睭喻 55
27. 治鞭疮喻 57
28. 为妇贸鼻喻 59
29. 贫人烧粗褐衣喻 61
30. 牧羊人喻 63
31. 雇倩瓦师喻 65
32. 估客偷金喻 67
33. 斫树取果喻 69
34. 送美水喻 71
35. 宝箧镜喻 73
36. 破五通仙眼喻 76
37. 杀群牛喻 78
38. 饮木筒水喻 80
39. 见他人涂舍喻 82
40. 治秃喻 84
41. 毗舍阇鬼喻 86
42. 估客驼死喻 89
43. 磨大石喻 91
44. 欲食半饼喻 93

45. 奴守门喻 95
46. 偷犛牛喻 98
47. 贫人能作鸳鸯鸣喻 100
48. 野干为折树枝所打喻 102
49. 小儿争分别毛喻 104
50. 医治脊偻喻 106
51. 五人买婢共使作喻 108
52. 伎儿作乐喻 110
53. 师患脚付二弟子喻 112
54. 蛇头尾共争在前喻 114
55. 愿为王剃须喻 116
56. 索无物喻 118
57. 蹋长者口喻 120
58. 二子分财喻 122
59. 观作瓶喻 125
60. 见水底金影喻 127
61. 梵天弟子造物因喻 129
62. 病人食雉肉喻 131
63. 伎儿著戏罗刹服共相惊怖喻 133
64. 人谓故屋中有恶鬼喻 135
65. 五百欢喜丸喻 137
66. 口诵乘船法而不解用喻 142
67. 夫妇食饼共为要喻 144
68. 共相怨害喻 146
69. 效其祖先急速食喻 148
70. 尝庵婆罗果喻 150
71. 为二妇故丧其两目喻 152

72. 唵米决口喻 154
73. 诈言马死喻 156
74. 出家凡夫贪利养喻 158
75. 驼瓮俱失喻 160
76. 田夫思王女喻 162
77. 搆驴乳喻 164
78. 与儿期早行喻 166
79. 为王负机喻 168
80. 倒灌喻 170
81. 为熊所啮喻 172
82. 比种田喻 174
83. 猕猴喻 176
84. 月蚀打狗喻 178
85. 妇女患眼痛喻 180
86. 父取儿耳珰喻 182
87. 劫盗分财喻 184
88. 猕猴把豆喻 186
89. 得金鼠狼喻 188
90. 地得金钱喻 190
91. 贫人欲与富者等财物喻 192
92. 小儿得欢喜丸喻 194
93. 老母捉熊喻 196
94. 摩尼水窦喻 198
95. 二鸽喻 201
96. 诈称眼盲喻 203
97. 为恶贼所劫失氎喻 205
98. 小儿得大龟喻 207
偈颂 209

引　言

闻如是[1]：一时，佛住王舍城[2]，在鹊封竹园[3]，与诸大比丘、菩萨摩诃萨[4]及诸八部[5]三万六千人俱。

是时，会中有异学梵志[6]五百人俱，从座而起，白佛言："吾闻佛道洪深，无能及者，故来归问，唯愿说之。"

佛言："甚善!"

问曰："天下为有为无?"

答曰："亦有亦无。"

梵志曰："如今有者，云何言无?如今无者，云何言有?"

答曰："生者言有，死者言无。故说或有或无。"

问曰："人从何生?"

答曰："人从谷而生。"

问曰："五谷从何而生?"

答曰："五谷从四大[7]火风而生。"

问曰："四大火风从何而生?"

答曰："四大火风从空而生。"

问曰："空从何生?"

答曰："从无所有生。"

问曰："无所有从何而生?"

答曰："从自然生。"

问曰："自然从何而生？"

答曰："从泥洹[8]而生。"

问曰："泥洹从何而生？"

佛曰："汝今问事何以尔深？泥洹者，是不生不死法。"

问曰："佛泥洹未？"

答曰："我未泥洹。"

"若未泥洹，云何得知泥洹常乐？"

佛言："我今问汝，天下众生为苦为乐？"

答曰："众生甚苦。"

佛言："云何名苦？"

答曰："我见众生死时，苦痛难忍，故知死苦。"

佛言："汝今不死，亦知死苦；我见十方诸佛不生不死，故知泥洹常乐。"

五百梵志心开意解，求受五戒[9]，悟须陀洹果[10]，复坐如故。

佛言："汝等善听，今为汝广说众喻。"

［注释］

①闻如是：也作"如是我闻"。如是，意指这本经书是这样而来的；我闻，表示整理者曾亲身听佛教诲而得。这句话是表明《百喻经》确实是佛的教导，以使人们对经书信服。②王舍城：据说是佛教徒第一次结集的地方，因为佛陀常住此地，所以是佛教的一个圣地。《大唐西域记》卷九中称为"曷罗阇利呬城"，在频婆沙罗王时奠基、阿阇世王时进行扩建，并迁都于此，曾经繁华非常。该城故址在位于今天印度东北部的比哈尔城西南约十五里处的腊季吉尔。③鹊封竹园：指迦兰陀竹园。迦兰陀是王舍城的长者，据说曾经将一座大竹园布施给外道，后来他改信佛法，便驱逐了外道，又以竹园来敬奉佛。④菩萨摩诃萨："菩萨"是"菩提萨"之略称，意译为"觉有情"，即觉悟之有情众生，大致分为权教菩萨与实教菩萨两种。权教菩萨之修行，是处处著

相。著相之修，称为染修，以其不了解三轮体空之道理，是故只能称菩萨，不能称菩萨摩诃萨。实教菩萨之修行，是依实相理，修离相行。譬如发心修行布施波罗蜜，以自性本具之般若智慧，来观照了知三轮体空，一切无著，不住于相。何谓三轮体空？三轮即是无布施之我相，无受施之人相，亦无所施之物相。唯有实教菩萨，才能称为菩萨摩诃萨。⑤八部：即天龙八部，指守护佛法的八种神怪，分别是：天、龙、夜叉、乾闼婆、阿修罗、迦楼罗、紧那罗、摩睺罗迦。其中“天”指天神，佛教中的天神并非至高无上，只不过能比人享受到更长久、更大的福报而已。“龙”与中国传说的龙大致相似，不过没有脚。“夜叉”本义是能吃鬼的神，又有敏捷、勇健、轻灵、秘密等意思。“乾闼婆”在梵语中是“变幻莫测”的意思，佛经中指一种不吃酒肉、只寻香气作为滋养的神，是服侍帝释的乐神之一。“阿修罗”男的极丑陋，而女的极美丽，这种神疑心病很重，常与帝释战斗。“迦楼罗”是一种大鸟，翅有种种庄严宝色，头上有一个大瘤，是如意珠，此鸟鸣声悲苦，以龙为食。“紧那罗”在梵语中为“人非人”之意。他形状和人一样，但头上生一只角，所以称为“人非人”，善于歌舞，是帝释的乐神。“摩睺罗迦”是大蟒神，人身而蛇头。⑥异学梵志：梵志，婆罗门的汉译，也用来指佛教外道。这里指学习《吠陀经》的婆罗门教年轻学者。⑦四大：大，即元素的意思。四大，指地、水、火、风四种元素，是构成一切物质的元素。其中，地大以坚性为本质，有保持的作用；水大以湿性为本质，有收集的作用；火大以热性为本质，有使成熟的作用；风大以流动为本性，有使成长的作用。⑧泥洹（huán）：即涅槃。⑨五戒：即不杀生、不偷盗、不邪淫、不妄语、不饮酒。⑩须陀洹果：也称为预流果，是摆脱凡夫俗见，通向佛教圣道的“法流”。

［译文］

这些故事都是我亲耳从佛那里听闻的：那个时候，佛住在王舍城中，在迦兰陀竹园里，佛和众位大比丘、实教菩萨以及天龙八部等共三万六千人在一起。

这时，集会的人中有五百个婆罗门教的年轻学者，他们全都从座位上站起来对佛说道：“我们素闻佛教的道理博大精深，没有其他教义能比得上的，所以特地来向您请教，希望能为我们释疑。”

佛说道："很好！"

婆罗门学者便问道："世界是存在的还是虚无的？"

佛答道："既是存在的，也是虚无的。"

婆罗门学者又问道："如果现在世界是存在着的，怎么又说它是虚无的呢？如果现在世界是虚无的，怎么又说它是存在的呢？"

佛答道："活着的人就说世界是存在的，死了的人就说它是虚无的，所以说世界既是存在的，也是虚无的。"

婆罗门问道："人究竟是从哪里产生的？"

佛答道："人是从五谷之中产生的。"

婆罗门问："那么五谷又是从何产生的呢？"

佛答道："五谷是从地、水、火、风这四种元素中产生的。"

婆罗门问："这四种元素又是从哪里来的？"

佛答道："是从空之中产生的。"

婆罗门问："空是从什么东西里产生的？"

佛答道："空是从本无自性的因缘中产生的。"

婆罗门问："因缘又是从何而生？"

佛答道："那是从自然而然的状态中来的。"

婆罗门问："自然而然的状态从何而来？"

佛答道："从超脱了生死因果的无为之中产生。"

婆罗门问："超脱了生死因果的无为状态如何产生？"

佛答道："你们今天问的问题怎么如此深刻呢？超脱了生死因果的涅槃状态就是不生不死的境界。"

婆罗门问："那佛您进入了这种不生不死的境界了没有？"

佛答道："我还没有进入。"

"如果是这样，那您又如何得知这种涅槃状态是能够得到永恒快乐的呢？"

佛说道："现在我要反过来问你们，你们觉得天下众生是苦还是乐？”

婆罗门答道：“众生都是苦的。”

佛问道：“为什么说众生都苦呢？”

婆罗门答道：“我们看见众生临死的时候，都是苦痛难以忍受，所以知道死是痛苦的。”

佛说道：“你们目前还没有死，却也知道死是痛苦的。我看见十方诸佛进入不生不死的状态，所以也得知这种超脱了生死因果的涅槃状态是能够得到永恒快乐的。”

五百名年轻的婆罗门学者听闻此言顿时释怀大悟，纷纷求佛给他们受五戒，进而得以走上通向解脱的道路，便又回到他们的座位上，继续听佛讲法。

佛说：“大家都仔细听着，现在我要为大家讲授各种譬喻。”

[评析]

引言以佛与婆罗门问答的形式，非常明确地揭示了佛教与婆罗门教等外道的不同思路。问答中涉及诸如世界本质、人的缘起、性空、涅槃等佛教核心教义。而婆罗门教诸人的提问极具代表性地反映了佛教外道的思想色彩，即执著于寻求宇宙形成发展的最根本原因，不能从现实中超脱出来，而佛教与此相对，则主张万物本质性空，追求宇宙根本原因是一种偏执的妄见，众生正是难以明晓这个道理，故而被诸种烦恼困扰。《百喻经》中的每个譬喻之后，都点出外道的谬误，去除种种对佛教教义的误解，有利于佛教思想的传播。

1. 愚人食盐喻

昔有愚人，至于他家。主人与食，嫌淡无味。主人闻已，更为益[①]盐。既得盐美，便自念言："所以美者，缘有盐故。少有尚尔，况复多也?"愚人无智，便空食盐。食已口爽[②]，反为其患。

譬彼外道[③]，闻节饮食可以得道，即便断食[④]。或经七日，或十五日，徒自困饿，无益于道。如彼愚人，以盐美故，而空食之，至令口爽，此亦复尔[⑤]。

[注释]

①益：增加。②口爽：口味被破坏。爽，败坏、伤害。③外道：指佛教之外的其他宗教和学术派别。关于外道种类说法不一，主要指佛教产生后的六师外道和九十六种外道、六派哲学等。佛教以为这些都是不正确的教理。④断食：指为求成就修行而在特定时期内禁绝饮食的极端行为，属于苦行修道方法。⑤复尔：也是这样。

[译文]

从前有个愚昧之人，到别人家去做客。主人招待他吃饭，他嫌饭菜味道淡而无味。主人听说就加了些盐。加了盐后的饭菜变得味美起来，于是他自言自语地说："之所以饭菜美味，都是因为盐的缘故。只加一点儿就能如此鲜美，再多加些岂不更妙?"愚人不明其中道理，于是光吃盐。吃了便口中涩痛，反而尝到了苦楚。

这正好像那些外道之人，听说节食有助于证得大道，于是就绝断进食。有的是经过七天，有的是经过十五天，只是自己饱受饥饿之苦，却无助于修道。就像那个愚人，因为盐能使饭菜变得可口，便只是一味光吃盐，最终导致口味败坏，外道断食也是这样没有明白个中真谛。

［参考资料］

《大智度论》卷十八：譬如田舍人初不识盐，见人以盐著种种肉菜中而食，问言："何以故尔?"语言："此盐能令诸物味美故。"此人便念：此盐能令诸物美，自味必多。便空抄盐满口食之，咸苦伤口，而问言："汝何以言盐能作美?"人言："痴人！此当筹量多少，和之令美，云何纯食盐?"（《大正藏》第二十五册第一九四页）

《大智度论》卷五十九：譬如愚人不识饮食种具，闻酱是众味主，便纯饮酱，失味致患。（《大正藏》第二十五册第四八〇页）

《大智度论》卷六十四：譬如食虽香美，过噉则病。（《大正藏》第二十五册第五〇九页）

［评析］

儒家崇尚中庸，所谓不偏不倚、执两用中，是要做到恰到好处。正如这则故事中的愚人食盐，本可令菜肴美味，可是凡事都有一个限度，超越了这个限度就会使事情走向反面。同时，这也是没有认清事物的本质属性，没有找到正确对待事物方法的体现。这里以愚人食盐喻之外道断食修行。节食之所以有利于修行得道，是因为可以使人渐渐淡忘感性欲望，但断食则过于极端以至阻断了维系人生存的纽带。其结果不仅不能把修行者引向解脱的彼岸，相反却给修行者带来更大的痛苦。

佛教把除它之外的其他宗教和学术派别称为外道，其中释迦牟尼在世时的六师外道和九十六种外道与佛教教义较为接近，但又没有完整准确地贯穿佛教的教义主张。因此佛教在宣传自己的过程中极力澄清它与外道的区别。

2. 愚人集牛乳喻

昔有愚人，将会宾客，欲集牛乳，以俟[①]供设。而作是念："我今若豫[②]于日日中毂取[③]牛乳，牛乳渐多，卒无安处，或复酢败[④]。不如即就牛腹盛之，待临会时，当顿[⑤]毂取。"作是念已，便捉牸牛[⑥]母子，各系异处。却后一月，尔乃设会，迎置宾客，方牵牛来，欲毂取乳，而此牛乳即干无有。时为宾客或瞋[⑦]或笑。

愚人亦尔。欲修布施[⑧]，方言[⑨]待我大有之时，然后顿施[⑩]。未及聚顷，或为县官、水火、盗贼之所侵夺；或卒命终，不及时施。彼亦如是。

[注释]

①俟：等待。以俟供设，以便到时供应。②豫：这里指事先准备。③毂(gòu)取：毂，挤，这里指挤取牛奶。④酢(cù)败：酢，同"醋"。指事物腐烂变质、发酵。⑤当顿：指临到宴会的时刻。⑥牸(zì)牛：牸，泛指雌性牲畜。牸牛，母牛。⑦瞋：嗔怪、生气。⑧布施：指把某些东西如钱财、智慧、信心等施与他人。因所施东西分为财施、法施等。⑨方言：只说，却说。⑩顿施：指一下子把以前的全部布施掉。

[译文]

有个愚蠢的人，准备要宴会宾客。他想积聚些牛奶，以备到时供宾客饮用。他心里这样想道："我如果现在天天都是先挤取牛奶，牛奶越来越多，终究会无处安置，而且或许这样还会腐烂变质。倒不如就让牛奶在牛腹中存着，等到宴会那时当场把牛奶全挤出来。”他打定主意，于是把母牛和吃奶的小牛牵到不同地方喂养。过了一个月之后，他才设宴款待宾客，这时他把母牛牵出来想挤出牛奶，可是这时牛的奶已经干瘪，什么都挤不出来了。顿时满堂宾客有的嗔怒他，有的嘲笑他。

其他的愚人也是这样。他们想通过布施修行，却说：“等到我大富大贵之后，再一下子全部布施掉。”可还没等到财富积聚起来，不是被县官、水火、盗贼抢夺而去；就是猝然到了临终之时，一生时光匆匆，还来不及布施就已终了。正像那个在牛腹中积蓄牛乳却一无所获的愚人一样。

[参考资料]

《众经撰杂譬喻经》卷上：昔有一婆罗门，居家贫穷，正有一牸牛，𣪍乳日得一斗，以自供活。闻说十五日饭诸众僧沙门得大福德，便止不复𣪍牛，停至一月并取，望得三斛，持用供养诸沙门。至满月，便大请诸沙门至舍皆作。时婆罗门即入𣪍牛乳，正得一斗。虽久不𣪍乳而不多。诸人呵骂言：汝痴人！云何日日不𣪍乃至一月也，而望得多？

今世人亦如是，有财物时，不能随多少布施，停积久后，须多乃作。无常水火及以身命，须臾难保。若当不遇，一朝荡尽，虚无所获。(《大正藏》第四册第五三二页)

[评析]

这则故事解释了主观意愿与客观实际之间的矛盾性。佛教认为万事万物都是因缘和合而生、缘散而灭，它们的存在和发展是具有条件性的。故事中的愚人考虑到牛奶过早地挤出来会变质，但他没有认识到他精心算计之外，牛奶却要受到牛的限制，并不是时时都有的。

佛教以此喻指布施。很多人都有布施的打算，但他们多半抱着侥幸的心理，不想舍弃现有的财富，想等到此生享受足之后再一次性地布施出来，殊不知经历岁月流逝，诸多变数无法由人操纵，最后可能根本无法实现布施的初衷。这里实际上还教导人们布施不应抱着现实功利的心理，而应该完全虔诚地出于对佛教的信仰。

3. 以梨打破头喻

昔有愚人，头上无毛。时有一人，以梨打头，乃至二三，悉皆伤破。时此愚人，默然忍受，不知避去[①]。旁人见之，而语之曰："何不避去？乃住受打，致使头破。"愚人答言："如彼人者，骄慢恃力[②]，痴无智慧，见我头上无有发毛，谓为是石，以梨打我，头破乃尔。"

旁人语言："汝自愚痴，云何名彼以为痴也？汝若不痴，为他所打，乃至头破，不知逃避。"

比丘[③]亦尔，不能具修信戒闻慧[④]，但整威仪[⑤]，以招利养[⑥]，如彼愚人，被他打头，不知避去，乃至伤破，反谓他痴。此比丘者，亦复如是。

[注释]

①避去：去，离开。避去，指躲开。②骄慢恃力：骄，骄傲；慢，指傲慢，佛教指以自家的能力与修行高于他人而瞧不起他人的心理，俱舍宗与唯识宗均以心慢为一种心理状态。恃力，依赖力量。骄慢恃力，即指傲慢自负、依靠蛮力。③比丘：梵语原为"乞食者"之意，汉译为"乞士"。最初是对婆罗门教之人生第四期即遁世期游历四方修行者的称呼。佛教兴起后其他教派以之称谓托钵行乞的修行者。佛教戒律体系确立后，专指出家后受过具足戒的男性僧侣。④信戒闻慧：信，诚信、信用、信仰，是对佛教教义坚信不疑的一种心

理状态。戒，指皈依佛门之人必须遵守的规则，包括行为、道德的制约。闻慧，接受智慧。慧，智慧，佛教中指观照常理的智慧、觉悟所不可欠缺的德性，体悟诸法缘起性空之理。戒、慧是三学（戒、定、慧）的重要内容。戒、定是佛教修行方法，慧是修行目的。⑤威仪：指起居动作均须有威德有仪则，即通常所说的行、坐、住、卧四种威仪。而佛门之中，出家的比丘、比丘尼又相比在家修习者有更多戒律，故有“三千威仪”、“八万威仪”之说。⑥利养：即供养，指以衣、食、卧具、汤药等为主。这里指布施带来的利益。

［译文］

从前一个愚人，秃头不长头发。这天有个人用梨子砸他的头，砸了两三下，每次都打破他的头。此时这个愚人只是默默忍受，竟不知躲开。周围的人看到这种情况，于是对他说：“你为什么不躲开呢？还一直让他打，搞得头破血流。”愚人回答说：“像他那种人，自以为是，凭借蛮力，其实迟钝愚蠢，看到我头上没有头发，就当作是石头，用梨子砸我，搞得我的头破成这样。”

旁人说：“你自己愚蠢迟钝，还说他不明道理？你如果不是愚钝，为什么一味让他打到头破血流都不知躲开呢。”

有些出家修行之人也是这样，无法领会到佛教教义中的精神所在，只是空守表面形式注重外表姿态，并以此招徕布施的财利供养。正好像那个被人打破头的愚人一样，不知离开避让，及至受到伤害还反说人家愚痴。那些比丘也和愚人一样。

［评析］

这则故事启发人们对佛教理论的认识和践行不应只停留于表面，而应该深谙精髓。例如故事中的愚人默默忍受被梨打破头的痛苦，反而认为别人“痴无智慧”。他表面上是遵行了佛教对人要忍受苦的教义要求，但实质上并非如此。佛教之“忍”本义是建立在修行者洞悉现实痛苦的本质基础之上，即明确现实痛苦乃种种因缘的聚合，从而不怨天尤人，而不是盲目自愿承受别人无端加害的痛苦。故事进一步引申，指出对佛教戒、定、慧三学的把握同样不能仅停留于表面，更不应急于求成、追求供养利益。

4. 妇诈称死喻

昔有愚人，其妇端正，情甚爱重。妇无直信[①]，后于中间，共他交往。邪淫心盛，欲逐[②]旁夫，舍离已婿。于是密语一老母言："我去之后，汝可赍[③]一死妇女尸安著屋中。语我夫言，云我已死。"老母于后伺其夫主不在之时，以一死尸置其家中。及其夫还，老母语言："汝妇已死。"夫即往视，信是己妇，哀哭懊恼。大积薪油，烧取其骨，以囊盛之，昼夜怀挟。妇于后时心厌旁夫，便还归家，语其夫言："我是汝妻。"夫答之言："我妇久死，汝是阿谁？妄言我妇。"乃至二三，犹故不信。

如彼外道，闻他邪说，心生惑著[④]，谓是真实，永不可改。虽闻正教，不信受持[⑤]。

[注释]

①直信：坦白诚实，这里指贞操。②逐：跟随。③赍（jī）：携。这里指找一具女尸。④惑著：迷惑执著。⑤受持：受，心得感受作用，相当于感觉、知觉。佛教中受是十二因缘（即无明、行、识、名色、六入、触、受、爱、取、有、生、老死）中的一支，五蕴（色、受、想、行、识）中之一蕴。严格来说，根、境、识三者和合而生触，感知触即为受。持，把握、控制。

[译文]

有个愚人，他的妻子生得模样端正，他对她颇为情深义重。可是这位妻子却并不贞节守信，后来和别的男子私通，内心邪淫的意念旺盛起来，便想和情夫私奔，抛弃自己的夫婿。她便对一个老太婆秘密吩咐道：“我离开以后，你可以找一具妇女的死尸，放在我家屋里。对我夫君说我已经死了。”老太婆便在她私奔之后，趁那丈夫不在家的时候，将一具死尸放在他家里，等到丈夫回来，老太婆便就对那丈夫说：“你妻子已经死了。”那人即便过去查看，相信死尸正是自己的妻子，痛哭流涕、悲伤懊恼。他积聚了许多木柴和油，点火焚烧死尸的骸骨，用袋子装起骨灰，日日夜夜抱在怀里。那个妻子后来也对情夫产生厌倦，于是便回家来。她对丈夫说：“我是你的妻子啊。”丈夫回答说：“我妻子死了已经很久了，你是什么人，竟然胡言乱语冒认我妻。”尽管妻子再三说明，丈夫依然不肯相信。

这正好像那些外道的修行者，听那些异端邪说，心中产生了迷惑，却也执著地认为这就是真理，永远不可改变。即使听闻真正的佛法理论，却也不肯相信和从内心理解接受。

[参考资料]

《鸯崛摩罗经》卷二：譬如有愚夫，见雹生妄想，谓是琉璃珠，取已执持归，置之瓶器中，守护如真宝。不久悉融消，空想默然住，于余真琉璃，亦复作空想。(《中华大藏经》第二十三册第五十七页)

[评析]

这则故事中的妻子是典型的自作自受，原本只是诈死，可丈夫当作事实来接受，等到她想回头，“情真意笃”的丈夫却将其拒之门外。现实生活中这样的例子也不少见，原本盘算得很好想欺诳世人，最后却机关算尽、害人害己。

但本故事讽喻的主体却并非妻子而是作为丈夫的愚人。尽管妻子诈死，但后来却完完整整地回家来，站在自己面前，但他仍是抱定“妻子已死”的认识，认为那是永恒的、不可改变的事情，而不肯相信眼前的现实。书中将其比喻为一些听到异端邪说就信以为真的佛教修行者，认为他们笃守疑惑却奉为真理，不肯再接受正确的东西。佛教传入中国之后，也碰到这样的情况，中国本土的儒道学说对国人影响日久，佛教传播受到了一定抗拒，因此《百喻经》中这则故事也启发人们应该打破壁垒，不固守旧说，事实上中国传统文化后来的儒、佛、道三教融合的潮流正是在这种开放的心态下得以完成的。

5. 渴见水喻

过去有人，痴无智慧，极渴须水，见热时焰[①]，谓为是水，即便逐走，至辛头河[②]。既至河所，对视不饮。旁人语言："汝患渴逐水，今至水所，何故不饮?"愚人答言："若可饮尽，我当饮之。此水极多，俱不可尽，是故不饮。"尔时众人闻其此语，皆大嗤笑。

譬如外道，僻取其理[③]，以己不能具持佛戒，遂便不受，致使将来无得道分[④]，流转生死。若彼愚人见水不饮，为时所笑，亦复如是。

［注释］

①热时焰：由于光线通过不同密度的空气层，热气流升腾而经折射形成影像、幻景，通常容易出现在干旱且温差较大的地方。②辛头河：即印度河的音译，玄奘《大唐西域记》中曾作"信度河"。③僻取其理：指偏执于事理的某一端。④道分：指对佛教教理领悟之缘分。

［译文］

从前有个人愚蠢又无智慧。他渴极了想饮水，见到热气流升腾经光线折射的幻影，就以为是水，于是跟着这片幻影一直走到印度河。可来到了水边，他却注视着河水而不喝。旁人对他说："你渴得这么厉害一直追着寻找水源，如今到了水边，怎么反而不赶快喝呢？”愚人回答道：“如果能够将水喝完，我就喝。可是这条河里的水这么多，不能都喝完，所以我不喝。”众人听了这话，当时都大声讥笑他。

正好像外道一样，偏执于事理的一个方面，认为自己无法完全遵守修持佛教的戒律，于是干脆对佛法完全不接受，导致在日后没有修证佛理的缘分，而堕入生死轮回中流转不息。就好像那位愚人，明明口渴却见水不喝，被人们讥笑，也是这个道理。

[参考资料]

《中阿含经》卷三十二：譬如有人以渴入池而反渴还。(《中华大藏经》第三十一册第六八四页)

[评析]

这则故事中的愚人口渴急需饮水喻指人们的欲望，其中包括求得解脱的欲望。水喻指佛教戒律，是人们通向解脱境界的途径。但是因为世人始终不肯放下自我，也就不可能禁绝各式各样的欲望、抛开现实拥有和梦想中的全部，所以尽管已经找到了渡向解脱彼岸的“水”——佛教戒律，却以自己不能遵行为借口逃避，故而不能脱离生死轮回的苦难，这都是不肯放弃现实自我和利欲所导致的。

6. 子死欲停置家中喻

昔有愚人，养育七子，一子先死。时此愚人见子既死，便欲停置于家中，自欲弃去。旁人见已，而语之言："生死道异，当速庄严[①]，致于远处而殡葬之。云何得留，自欲弃去？"尔时愚人闻此语已，即自思念："若不得留，要当葬者，须更杀一子，停担两头[②]，乃可胜致[③]。"于是便更杀其一子而担负之，远葬林野。时人见之，深生嗤笑，怪未曾有。

譬如比丘，私犯一戒，情惮改悔[④]，默然覆藏[⑤]，自说清净[⑥]。或有知者，即语之言："出家之人，守持禁戒，如护明珠，不使缺落。汝今云何违犯所受，欲不忏悔？"犯戒者言："苟须忏者，更[⑦]就犯之，然后当出。"遂便破戒[⑧]，多作不善，尔乃顿出[⑨]。如彼愚人，一子既死，又杀一子。今此比丘，亦复如是。

［注释］

①庄严：这里指慎重严肃地入殓安葬，佛教认为人死后对其诵经超度，可助亡灵摆脱苦海。②停担两头：指放在担子的两头。③胜致：胜，顺利。致，到达。这里指愚人认为只有维持担子两头平衡才能将尸体顺利送去安葬。④情惮改悔：惮，害怕。指心里害怕改正悔过。⑤默然覆藏：指暗自偷偷掩饰过错。⑥清净：佛教用语，指远离种种染恶行为和烦恼，通常包括身、语、意三个方面，佛教又以清净心为众生修行成善之根本。⑦更：更加，再。⑧破

戒：指破坏、违犯戒律。佛教戒律小乘有杀生、偷盗、邪淫、妄语、饮酒等五戒；大乘还有说过罪、自赞毁他、悭、瞋、谤等共十重禁戒。违背这些戒律即为破戒。⑨摈出：被赶出佛门。

[译文]

从前有个愚人，养育七个儿子，一个儿子死掉了。这个愚人见儿子死了，便想把尸体安放在家里，自己离家而去。旁人见到这种情况对他说："生和死处于不同的境地，应当赶快为其慎重严肃地入殓，将尸体送到远处去下葬。怎么能说什么把尸体留在家里而活着的自己离开呢？"这个愚人听了这话，便暗自思忖道："如果不能将尸体留在这儿，而一定要送去安葬，那么必须再杀死一个儿子，把他们分别放在担子的两头，这样才可以顺利抬到墓地。"这样他便又杀了一个儿子，担子两头各挑着一具死尸，将他们埋葬在深山野林中。人们见到这种行为，感到惊讶，以为是前所未有的事，嗤笑不已。

这好比正在修行的佛教信徒，自己犯了一条戒律，因为害怕承认错误要悔过，便偷偷掩藏起来，自己夸耀达到远离罪恶的清净。碰到有知情的人对他说："出家修行之人，应该自觉遵守清规戒律，就好像守护明珠一样小心，不能有半分差错。你现今为何明明犯了戒，却还不想忏悔？"犯戒者说："如果需要忏悔，就等我下次犯戒之后，再一起暴露自己的罪过悔改。"于是便破戒犯错，多行不善，这样才一下子暴露自己的过错被赶出佛门。就像那个愚人，一个儿子死了，又杀了一个儿子，和这位由犯一戒到犯多戒的佛教徒是一样的。

[评析]

故事中的愚人首先是想将儿子的尸体安置在家中，自己离开，后来又为了保持担子的平衡，又杀死一个儿子抬到墓地安葬。前者被称为不明生死，后者是有错不改再犯错。

其实无论是佛教还是儒家学说，都教导人们：人不可能不犯错，而贵在知错能改。佛教教义中的忏悔并不是形式，而是要修行者能够通过反思，及时纠正自己的过错，防微杜渐，慢慢修正自己的不足，不断接近正果。而许多修行者却与愚人一样，并不承认、及时改正过错，相反却想方设法文饰过错，并且荒唐地认为既然已违反戒律，不妨再犯而一起忏悔，实际上离真理是更加远了。

7. 认人为兄喻

昔有一人，形容端正，智慧具足[①]，复多钱财，举世人间无不称叹。时有愚人，见其如此，便言我兄。所以尔[②]者，彼有钱财，须者则用之，是故为兄。见其还债，言非我兄。旁人语言："汝是愚人，云何须财，名他为兄；及其债时，则称非兄？"愚人答言："我以欲得彼之钱财，认之为兄，实非是兄。若其债时，则称非兄。"人闻此语，无不笑之。

犹彼外道，闻佛善语，盗窃而用，以为己有。乃至旁人教使修行，不肯修行，而作是言："为利养故，取彼佛语化导众生[③]，而无实事，云何修行？"犹向[④]愚人，为得财故，言是我兄；及其债时，复言非兄。此亦如是。

［注释］

①具足：完全具备。②尔：这样。③化导众生：化导，教化引导。众生，泛指世间一切生物。佛教认为一切众生以其诞生方式可分为胎生、卵生、湿生、化生四种。就佛教修行理论而言，其所针对的众生主要指人类。④向：方才，指称故事中那个愚人。

［译文］

从前有个人，生得身形端正容貌俊朗，非常有智慧，并且很有钱，所有世人没有不对其称赞惊叹的。当时有个愚人见到这种情况，便说：“他是我兄长。”愚人之所以称那人为兄长，是因为那人有很多财富，等到有需要的时候便可以拿来使用，故而称其为兄长。后来见到他要还债，愚人便又宣称：“他不是我兄长。”周围的人对他说：“你这个愚蠢的人，为什么需要财富的时候，就称他为你的兄长，等到他还债时，又说不是你兄长？”愚人回答道：“我之前想得到他的财产，于是便认他为兄长，实际上并非真正的兄长。如果他负债了，那么我就称不是我兄长。”人们听了这话，没有不笑他的。

这正犹似那些外道之人，听到佛教论理的精妙之处，就贪婪地窃为已有，当作是自己的学说。等到旁人要求身体力行，又不肯亲身修炼，而这样说道：“为了获得利益和供养，我才从佛陀语句中学来，用以教导众生成善，他并没有实质内容，又怎么去修行实践呢？”就犹如那愚人，只是为了得到钱财，就说“那是我兄长”，等到他负债之时，又说“不是我兄长”。外道也是如此。

[评析]

这则故事告诫修行者，佛教义理不仅需要信受，还重在实践、修持。布施亦是佛教教义要求，要求人们要摆脱对现实利益的执著而超越功利目标去践行。现实许多修行者正如故事中的愚人一样，是出于自己功利目的信奉佛教的，当要真正付出之时却又无心布施，这种态度便不是诚心信仰，是不可取的。

8. 山羌[1] 偷官库衣喻

过去之世，有一山羌，偷王库物而远逃走。尔时国王遣人四出推寻[2]，捕得，将[3]至王边，王即责其所得衣处。山羌答言："我衣乃是祖父之物。"王遣著衣。实非山羌本所有故，不知著之，应在手者著于脚上，应在腰者返[4]著头上。王见贼已，集诸臣等共详[5]此事，而语之言："若是汝之祖父已来所有衣者，应当解著，云何颠倒用上为下？以不解故，定知汝衣必是偷得，非汝旧物。"

借以为譬：王者如佛，宝藏如法[6]。愚痴羌者犹如外道，窃听佛法，著己法中，以为自有，然不解故，布置佛法，迷乱上下，不知法相[7]。如彼山羌，得王宝衣，不识次第[8]，颠倒而著，亦复如是。

[注释]

①山羌：西北古族的名称，居住在山林之中，以打猎、放牧为生。②推寻：指边打探边寻找。③将：携、带，这里指押送到国王面前。④返：同"反"，反而。⑤详：指详细商量讨论。⑥法：原意指"护持人间的行为规范"，其后发展为"真理"的意思。"法"在佛教中指佛教的真理、义理。应用起来可指一般的规则、法则，或品德、品格；在认识论中，它可指本性、属性、性质、特质；在因明学中，它是谓词、宾词之意；在存在论中，它可泛指

存在。其意义十分广泛，甚至可以说，凡意识所能思及的都是法，包括意识本身也是一种法。佛教中，初期“法”的意义集中在伦理价值意义，后期则趋于存在论意义，指称宇宙间的一切。⑦法相：一般指作为现象意义的法、现象层面的存在。有时指法的特质，即本体之意。这里即指一切事物的真实形态，即诸法的本性。⑧次第：顺序。本文中指衣服穿戴的方法。

[译文]

在很久很久以前，有一个山羌族人，偷了国王宝库中的财物，然后逃到很远的地方。国王发现后便派人四处寻找，打听来打听去终于把他抓住了，押送至国王面前。国王便责问他那些衣物如何得来的。山羌人回答说：“我的衣服乃是我祖父留下的遗物。”国王便让他穿上衣服，因为确实这衣服并非山羌的东西，于是他并不知道该如何穿戴。应该戴在手上的，他却套在了脚上，原本应该系在腰间的，他却反而绑在了头上。国王见状确定他是盗贼，便集合群臣共同详加商讨这件事，而后对那人说：“如果这是你祖父那里得来的衣物，你应该知道如何穿戴。可为什么颠倒次序，上下错乱呢？正因为你不懂如何穿戴，可以断定你这衣服必是偷来的，而并非你以前就拥有的。”

借用这个故事譬喻：国王好比是佛陀，宝藏好比是佛法真理。那个愚昧的山羌人，正好像那些外道之人私自听到一些佛法，就将它放到自己的学说中，当作是自己的所有物，然而因为不理解的缘故，在使用佛法之时，便上下迷乱，对佛法真谛根本不明白。就像那个山羌人，偷得国王的宝衣，却不知上下顺序，颠倒着穿戴，外道亦是这样。

[评析]

这则寓言的寓意很清楚，那个明察秋毫的国王就好比是洞悉万物的“佛”，而官库中的宝藏就喻为“佛法”，偷劫宝藏的羌民就喻为“外道”。外道盗用佛法装点自己，却没有掌握其中真谛，尽管具有一定迷惑性，却不能以假乱真，智慧之人还是能一眼明了。这则故事启示人们要打开智慧双眼，不要被外道假象迷惑。

9. 叹父德行喻

昔时有人于众人中叹己父德，而作是言：“我父仁慈，不害不盗，直作实语，兼行布施。”时有愚人，闻其此语，便作是念言：“我父德行复过汝父。”诸人问言：“有何德行，请道其事。”愚人答曰：“我父小来断绝淫欲，初无染污[①]。”众人语言：“若断淫欲，云何生汝？”深为时人之所怪笑。

犹如世间无智之流，欲赞人德，不识其实，反至毁呰[②]。如彼愚者，意存叹[③]父，言成过失，此亦如是。

［注释］

①初无染污：这里指从未与异性接触，染污指性行为。②毁呰（zǐ）：诋毁的议论。呰，说人坏话。③叹：称赞、赞叹。

［译文］

从前有个人在众人中赞叹自己父亲的德行，便这样说道：“我父亲非常慈祥仁爱，不伤害别人，也不偷盗，实话实说，还经常布施帮助别人。”当时有个愚人，听到这番话，便说道：“我父亲的德行，更加超过你父亲。”众人问道：“有什么德行？请你说说他所做之事。”愚人回答道：“我父亲从小便断绝了邪淫之欲，从未和异性接触，至今仍保持清白。”众人听了对他说：“如果禁断淫欲，怎么会生下你的呢？”愚人当时受到众人强烈嘲笑。

正好比世间那些没有智慧的人们，本想称赞人的德行，因为不了解真实的情况，反而导致对人造成诋毁的议论。就好像那个愚人，原意是赞誉父亲的德行，结果言辞表达不当而造成过失，正是这个道理。

[评析]

愚人赞自己的父亲本没有错，但是他不明实际情况，反而事与愿违，结果变成对父亲的诋毁。实际上愚人所犯的错误不仅在于言过其实，更在于他以为要让自己父亲的德行超过别人，从而不惜捏造事实，因此愚人的动机就不纯粹了，其目的是为了满足自己的虚荣心。这则寓言也启示人们，利欲可能会蒙蔽人们的双眼，以致连基本常识都会违背。

10. 三重楼喻

往昔之世，有富愚人，痴无所知。到余富家[①]，见三重楼，高广严丽，轩敞疏朗[②]，心生渴仰[③]，即作是念："我有钱财，不减于彼，云何顷来而不造作如是之楼？"即唤木匠而问言曰："解作[④]彼家端正舍不？"木匠答言："是我所作。"即便语言："今可为我造楼如彼。"

是时，木匠即便经地垒墼[⑤]作楼。愚人见其垒墼作舍，犹怀疑惑，不能了知，而问之言："欲作何等？"木匠答言："作三重屋。"愚人复言："我不欲作下二重之屋，先可为我作最上屋。"木匠答言："无有是事！何有不作最下重屋，而得造彼第二之屋？不造第二，云何得造第三重屋？"愚人固言："我今不用下二重屋，必可为我作最上者。"时人闻已，便生怪笑，咸作此言："何有不造下第一屋而得上者？"

譬如世尊[⑥]四辈弟子[⑦]，不能精勤修敬三宝[⑧]，懒惰懈怠，欲求道果[⑨]，而作是言："我今不用余下三果[⑩]，唯求得彼阿罗汉果。"亦为时人之所嗤笑，如彼愚者，等无有异。

[注释]

①余富家：指另一个富人之家。②轩敞疏朗：形容房屋高大宽敞，空气疏通明朗。③渴仰：渴望、仰慕。④解作：知道怎样制作、建造。⑤经地垒墼

(jī)：经地，丈量土地。垒墼，堆砌砖块。⑥世尊：佛的尊称，为世间所尊敬的人。⑦四辈弟子：佛教中指称比丘、比丘尼、优婆塞、优婆夷等信众，亦称为“四众”、“四部弟子”等。⑧三宝：指佛、法、僧三种构成佛教的最重要的要素。佛是已开悟的人，法是佛的教法，僧是信奉佛法的僧团。皈依三宝，即佛教徒的基本条件。⑨道果：指佛教修行的果实，即断灭一切烦恼、自我，达到解脱的“涅槃”境界。⑩三果：小乘佛教将修证成道分为四个阶段，即称为“四果”。第一果即“须陀洹”，意为初入圣道；第二果为“斯陀含”，意为意念未脱尽，还有一往来；第三果为“阿那含”，意为欲望烦恼已经断绝，不再回到欲界；第四果即“阿罗汉”，小乘佛教以之为佛教弟子修行可达的最高境地。

[译文]

从前世间有个非常富有的愚人，痴钝到一无所知的地步。他到另一个富人家中，看见一座三层高的小楼，高大华丽，宽敞明亮，心中非常羡慕，于是心里这样想：“我也有钱，不比他少，为什么不也造一个这样的高楼呢?”于是他找来木匠问他：“你会造一座像那家一样的楼房吗?”木匠回答说：“那正是我造的。”愚人就对他说：“那现在你也可以为我造一座和那一样的楼。”

于是木匠开始量地砌砖准备造楼。愚人看见他砌砖搭屋，心里很是疑惑，不知他在干什么。他便问木匠说：“你这是想干什么呢?”木匠回答：“建三层高的房屋啊。”愚人又说：“我不要下面两层的房屋。你先帮我建最上面的一层房屋。”木匠答道：“从来没有这种事啊，怎么能不造最下层的屋子，而去造第二层的屋子?不造第二层，何来造第三层的房屋呢?”愚人固执地说：“我现在不要下面两层，你必须给我造最上面一层。”当时的人们听了，都纷纷觉得荒唐可笑。他们都这样说：“哪有不造下面第一层屋而能建成上层的?”

这就好像佛的信众们，有的不能够认真钻研、虔敬修炼佛法教义，而是偷懒懈怠，却又想达到涅槃境界，便这样说：“我如今不需要第一果、第二果、第三果，我只为求最高境界的阿罗汉果。”这些信众也为人们所耻笑。正如那个富有的愚人，两者并没有不同。

[评析]

俗话说“万丈高楼平地起”，本则寓言之三重楼同样如此，第三层楼的风景即使再亮丽，离开了下面两层也只不过是“空中楼阁”，不可能成为现实。同样，世间所有的事物，其产生、发展都要经历一定过程，不可能没有开头就有结果。因此人们做事也必须循序渐进，不仅要有对理想目标的憧憬，更要有为其实现奋斗的艰辛努力。

佛家修行正是这样一个过程，只有坚持不懈地修习和实践佛教义理，才可能到达涅槃境界。幻想不经过任何努力就能修证佛果是很不切实际的。这则寓言告诫佛教徒要脚踏实地，抛弃一切杂念，平心静气地进行佛教修行。

11. 婆罗门[①] 杀子喻

昔有婆罗门，自谓多知，于诸星术[②]种种技艺无不明达。恃己如此，欲显其德，遂至他国，抱儿而哭。有人问婆罗门言："汝何故哭？"婆罗门言："今此小儿，七日当死，愍其夭殇[③]，是以哭耳！"时人语言："人命难知，计算喜错[④]。设[⑤]七日头或能不死，何为预哭？"婆罗门言："日月可暗，星宿可落，我之所记[⑥]，终无违失。"为名利故，至七日头，自杀其子，以证己说。时诸世人，却后七日，闻其子死，咸皆叹言："真是智者，所言不错。"心生信服，悉来致敬。

犹如佛之四辈弟子，为利养故，自称得道，有[⑦]愚人法，杀善男子，诈现慈德[⑧]，故使将来受苦无穷。如婆罗门为验己言，杀子惑世。

[注释]

①婆罗门：古印度将民众分为四等级，称为四种姓，即婆罗门、刹帝利、吠舍、首陀罗。婆罗门作为第一种姓，是掌握神权的知识垄断者，属于贵族集团。②星术：指用星象占卜吉凶的方法。③愍（mǐn）其夭殇（shāng）：愍，同"悯"，怜悯。夭殇，指未成年而死亡。④喜错：指容易出差错。⑤设：假设、或许。⑥记：通"计"，计算、预测。⑦有：用。⑧诈现慈德：伪装出慈悲的样子。

[译文]

从前古印度一位婆罗门种姓的人，自以为知识渊博，对各种星象、占卜术等技艺没有不精通的。他仗着自己有这般能耐，便很想展示一下他的才华。于是便跑到其他国家，抱着自己的儿子大哭起来。有人问婆罗门道："你为什么哭啊?"婆罗门说："这个孩子，七日之后就会死了！可怜他未及成年就要夭折，所以这么伤心地哭!"这时人们劝他道："人的命数非常难说，卜算之事常有错漏。或许七天后他并不会死，又为什么预先哭得这么悲恸?"婆罗门说："太阳月亮可能会昏暗，天上星宿可能会陨落。但是我测算的事情，始终从无错失。"为了维护自己的声誉和利益，到第七天的时候，他自己把儿子杀了，这样来证明自己的预测准确。当时众人听说他儿子在七日后果然死了，都感叹道："真是一个有智慧的人，说的一点不错。"心里便产生了信服，都来向婆罗门致敬。

正好像佛教那些修行中的弟子，为了获得利益和供养，自己标榜已得佛道，却用世俗的思想诱导欺骗真心向佛的修行者，伪装出慈悲济世的模样，故而会使自己在以后的岁月中饱受生死轮回之苦无穷无尽。就像这个婆罗门一样，为了验证自己的预言，居然亲手杀害儿子来欺骗世人。

[评析]

这则故事中的"婆罗门"是古印度的贵族集团，印度四种姓中的第一种姓，在佛教诞生之前占据着印度文化知识垄断者的地位。佛教诞生之后，为宣传和扩大自己的教义影响，必然要反对婆罗门教的至上权威。

这则寓言生动地揭示了婆罗门教为了自己的声名，不惜杀害至亲的伪善面目，借以讽喻这一上层集团的虚伪，同时也告诫佛家修行者不能为世俗利益而不惜一切地欺世盗名。

12. 煮黑石蜜浆喻

昔有愚人煮黑石蜜[①]，有一富人来至其家。时此愚人便作是想："我今当取黑石蜜浆与此富人。"即著少水用置火中，即于火上，以扇扇之，望得使冷。旁人语言："下不止火，扇之不已，云何得冷？"尔时众人悉皆嗤笑。

其犹外道，不减烦恼[②]炽燃之火，少作苦行[③]，卧荆棘上，五热炙身[④]，而望清凉寂静之道，终无是处。徒为智者之所怪笑。受苦现在，殃流来劫[⑤]。

［注释］

①黑石蜜：制作黑石蜜时，要加入乳、油、面粉、焦土、炱煤之类，混合之后放在锅中煎煮，用竹甑盛起后投入水中，水立即会冒出烟来，吱吱作响，就好像把热铁放进水中。等到冷却凝固之后呈现褐色，并且坚硬如石，故称黑石蜜。②烦恼：佛教中指能够扰乱众生身心，使之发生迷惑、苦恼，因而不得寂静的一切思想观念和精神情绪。③苦行：指以实行自制、拒绝物质福利和感官享受，忍受环境压迫，进行自我折磨等种种方法修行，以求解脱。④五热炙身：修炼者将五体放在火上炙烤，是佛教以外之赴火外道的苦行方法。⑤殃流来劫：殃流，指苦难的岁月。来劫，将来久远的时光。佛教中"劫"指世界的年龄，如世界的成、住、坏、空，都用"劫"来量度。

［译文］

曾经有个愚人正在煮黑石蜜的时候，有个富人来到他家。这个愚人此时心里便想：“我应取些黑石蜜的浆汁来招待这位富人。”于是便放了一点水，把蜜糖放到火上去烤，又用扇子扇蜜糖，希望早点冷却。周围的人说：“蜜糖下面的火不熄灭，再扇怎么能使糖冷却呢？”当时人们都嗤笑他。

这正好比外道之人，不能断绝人生欲望的熊熊盛火，只是稍微通过一些苦行修炼，将身体躺在荆棘之上，用火来烧烤自己的身体希望到达清凉寂静的境界，却始终做不到。只能被那些洞悉人间真谛的人们嗤笑。不仅在现实生活中难以逃脱苦难的命运，还会将苦难带到将来的岁月中难以停息。

[评析]

这则故事的本意是讽喻外道没有找到消灭人欲望火苗的正确途径，相反却叫人们苦行、折磨自身，其结果只能是更加远离解脱的境界。但这则故事同样启示人们，在现实中处理任何事情都必须仔细观察、考虑，掌握事物产生、发展的本质，如黑石蜜无法冷却的主要原因是置于火上，那么解决的方法应是先熄灭火，而不是在火上以扇扇之。因此人们必须分清主次，抓住本质，才能顺利实现目标。

13. 说人喜瞋喻

过去有人，共多人众坐于屋中，叹一外人德行极好，唯有二过：一者喜瞋[①]，二者作事仓卒。尔时此人过在门外，闻作是语，更生瞋恚[②]，即入其屋，擒彼道己过恶之人，以手打扑。旁人问言："何故打也？"其人答言："我曾何时喜瞋、仓卒？而此人者，道我恒喜瞋恚、作事仓卒。是故打之。"旁人语言："汝今喜瞋、仓卒之相即时现验，云何讳[③]之？"人说过恶，而起怨责，深为众人怪其愚惑。

譬如世间饮酒之夫，耽荒沉酒，作诸放逸，见人呵责，反生尤疾[④]。苦引证佐，用自明白。若此愚人，讳闻己过，见他道说，反欲扑打之。

[注释]

①喜瞋：瞋，嗔怪，心怀怨恨、发火。②恚（huì）：怨恨。③讳：隐瞒、避忌。④尤疾：尤，特别、更加。指特别怨恨责怪。

[译文]

从前有个人，和很多人一起坐在屋子里，感叹一个当时不在场的人品德行为都非常好，就是有两点不好：一是喜欢发火，二是做事莽撞。这时那个人恰好在门口路过，听了这话，立即勃然大怒，冲进屋里来，抓住那个说自己坏话的人，举手便打。旁人问他：

“你为什么要打他?”这人回答道:“我什么时候容易恼怒又行事鲁莽了?可这个人刚才却说,我总是容易恼怒,遇事冲动,所以我便打他。”旁人说:“你如今正是一副恼怒冲动的模样,正好验证了他的说法,怎么隐瞒得了呢?”这个被别人指出过错就忿忿不平的人,令大家对他的愚昧无知大为惊叹。

比如世间喜欢喝酒的人,成天酗酒纵欲并荒废其中,遇到对其呵责之人,反而心生怨恨。而且还极力辩解证明自己的清白。正如同这个愚人忌讳别人谈论自己的缺点,听见别人议论反倒想动手打人一样。

[评析]

人贵在自知,要正视自己的缺点和不足。除了自己不断反省之外,还要虚心接受别人的批评,这也是提高自身修行境界的重要途径。

14. 杀商主祀天喻

昔有贾客[①]，欲入大海。入大海之法，要须导师[②]，然后可去。即共求觅，得一导师。即得之已，相将发引[③]，至旷野中，有一天祠[④]，当须人祀[⑤]，然后得过。于是众贾共思量言：“我等伴党，尽是亲属，如何可杀？唯此导师，中[⑥]用祀天。”即杀导师，以用祭祀。祀天已竟，迷失道路，不知所趣[⑦]，穷困死尽。

一切世人，亦复如是：欲入法海[⑧]，取其珍宝，当修善法行以为导师。毁破善行，生死旷路，永无出期。经历三涂[⑨]，受苦长远。如彼商贾，将入大海，杀其导者，迷失津济[⑩]，终致困死。

［注释］

①贾（gǔ）客：贾，商人。②导师：这里指渡海的向导。③相将发引：发引，引导、出发。④天祠：指祭祀神的祠堂。⑤人祀：指必须用活人做祭祀的物品。⑥中：适合。⑦趣：去向、方向。⑧法海：这里喻指佛教精深的人生、社会哲理。⑨三涂：涂，即“途”。三途，即三种极其恶劣的环境：地狱、饿鬼、畜生。众生作恶事，便会堕入三途，也就是果报。地狱也称火途，是烈火烧身之处；饿鬼也称刀途，是刀杖迫害之处；畜生是血途，是各种野兽相互食咬之处。⑩津济：津，渡口；济，渡，这里指靠岸的码头。

［译文］

从前有一队商贾，结伴想渡海去做生意。要渡海必须要请向导引路，方才可以到达彼岸。于是一起寻找，找到一个向导。有了向导，大家就一同上路出发了。来到一片旷野之地，遇到一座祭神的祠堂，照习俗必须用活人做祭品行祀，方才可以离开。于是商人们一起商量道："我们这些人结伴而行，大家都是亲戚，怎么能杀谁呢？只有这个向导，最适合用来祭天。"于是他们把向导杀死，用来祭祀。祭完天之后，他们却迷失了道路，不知该往哪儿走，最终又饿又累死在旷野中。

世间所有的人也是这样：想深入佛教参透人生真谛，就应该以修行、实践善法为向导。可是人们却偏偏背离善行的要求，于是便在生与死的轮回之路上徘徊，永远没有逃离的日子。历经火途、血途、刀途的磨难，受尽痛苦的折磨。正好像那些商人明明是要渡海，却杀死向导，迷失走到渡口的方向，终致困死在旷野之中。

[评析]

故事中的那些商人因为顾及私情而最终难以逃脱厄运，固然有只顾眼前不及全局的狭隘之嫌，但站在他们的立场这又确实是很难抉择的。正如儒家所宣扬的，亲情是基于血缘关系的自发情感。这则寓言明确指出，要渡海就要留住向导，要信奉佛教、走向解脱的彼岸，就要牺牲世俗的情感、利益的迷惑，包括亲情，因此佛教徒出家修行、离弃父母。但这种主张和中国人崇尚的孝亲观念有所冲突，因此中国佛教在"孝"这一问题上与中国伦理观念逐渐亲和。

15. 医与王女药令卒[①]长大喻

昔有国王，产生[②]一女，唤医语言："为我与药，立使长大。"医师答言："我与良药，能使即大。但今卒无，方须求索。比得药顷[③]，王要莫看。待与药已，然后示王。"于是即便远方取药。经十二年，得药来还，与女令服，将示于王。王见欢喜，即自念言："实是良医，与我女药，即令卒长。"便敕[④]左右，赐以珍宝。时诸人等笑王无智，不晓筹量[⑤]生来年月，见其长大，谓是药力。

世人亦尔，诣[⑥]善知识[⑦]，而启之言："我欲求道，愿见教授[⑧]，使我立得。"善知识师以方便[⑨]故，教令坐禅[⑩]，观十二缘起[⑪]，渐积众德，获阿罗汉[⑫]位，踊跃欢喜，而作是言："快哉！大师速能令我证[⑬]最妙法。"

[注释]

①卒：迅速、立刻。②产生：这里指诞生、产下。③比得药顷：比，等、到。顷，时。指等得到药时。④敕：指皇帝的命令。⑤筹量：思量、计算。⑥诣：到。⑦善知识：指正直而有德行，能引人入菩提的有道之人。⑧教授：传授修道之法。⑨方便：佛教中为了引领众生修道的权宜方法。天台宗又称方便法门为权法。⑩坐禅：佛教中指僧人静坐收敛心性，集中思维的修行方法。⑪十二缘起：又称十二因缘。原始佛教极其重要的观念，用十二个因果的条件

排序成一系列，解释人生的种种苦痛与烦恼的起源。即：无明（无知的状态）、行（潜在的意识活动）、识（人事）、名色（名称与形态、精神与物质、心与身）、六入（眼、耳、鼻、舌、神、意六种认识机能）、触（感官对象的接触）、受（由接触引起的感受）、爱（占有欲）、取（存在的生命）、有、生（出生）、老死（老去、死亡）。这亦是佛陀觉悟的内容，他觉悟到这个真理，即成正觉。⑫阿罗汉：即阿罗汉果，小乘佛教修行的最高阶段。⑬证：证悟。

［译文］

以前有个国王生了个女儿，便召来医生对他说："替我给公主弄副药，让她立刻就长大成人。"医生回答道："我给她开副好药，可以令她即刻长大，但目前我手头没有药，等我找到之后再带来给大王看。"于是医生便到远方去求药了。过了十二年后，医生求药返回了。他把药给公主服下，带着她来见国王。国王见女儿果然长大成人非常高兴，于是寻思道："这确实是个了不起的医生啊。给我女儿服了药，就使她立即长大了。"国王便命令侍从，赏赐很多珍宝给那位医生。人们听说这件事，都讥笑国王的无知，不懂得计算一下公主出生以来的岁月，看到她长大了，就以为是药的功力。

世间之人也是这样，来到得道高人的面前祈求道："我很想修行得道，希望您能传授我方法，让我马上就能彻悟真谛。"高人出于权宜方便的缘由，教导他坐禅静思，专注体悟一切有生命之物流转于过去、现在、未来三世的十二种条件，逐渐积累了种种德行，最后达到最高的修行境界。这人便异常欢喜雀跃，这样说道："真快啊！大师能如此迅速地让我证悟最高的境界。"

［评析］

这则故事告诉人们，所有理想目标的实现都不可能是一朝一夕之事，冰冻三尺非一日之寒，幻想不经任何努力就能到达成功的彼岸其实是一种消极的人生态度。无论是那个欺骗国王的医师还是修行有道的"善知识"，都是非常有智慧的导师，他们最终用不同寻常的方式引导人们踏上靠努力、勤奋、积累而接近成功的道路。

16. 灌甘蔗喻

昔有二人共种甘蔗，而作誓言[①]：“种好者，赏；其不好者，当重罚之。”时二人中，一者念言：“甘蔗极甜，若压取汁，还灌甘蔗树，甘美必甚，得胜于彼。”即压甘蔗，取汁用溉，冀望滋味[②]，反败种子。所有甘蔗一切都失。

世人亦尔，欲求善福，恃己豪贵，专[③]形挟势，迫胁下民[④]，陵夺财物，以用作福。本期善果[⑤]，不知将来反获其殃。如压甘蔗，彼此都失。

［注释］

①誓言：本文指约定。②滋味：增添美味。③专：据、用。④下民：指一般普通百姓。⑤善果：善，佛教中指符合其教义的言行、意识。善果，由善行修得的好结果。

［译文］

过去有两个人，一起种甘蔗并相互定下契约：“甘蔗种得好的有奖赏；种不好的要重重惩罚。”这时两人中的一人心想：“甘蔗是很甜的，倘若榨出它的汁，再用来浇灌甘蔗树，一定更加甘甜美味，比那人种的强。”于是他榨了甘蔗汁，拿汁来灌溉，希望使甘蔗更加美味，可是反而使种子全部腐烂变质。所有的甘蔗全都损失了。

世间中人也是这样，想追求美好的福祉，就凭仗自己的权势，运用关系挟持胁迫百姓，巧取豪夺，作威作福。原本期望得到福利，却不知以后岁月反而因此遭殃。就像榨甘蔗汁来灌溉甘蔗树一样，两样都损失了。

[评析]

这则寓言与中国古代“揠苗助长”的故事颇为相似，故事的主人公都是带着美好的主观愿望，却因为忽视了事物本来的规律而事与愿违。同时，这则故事又以甘蔗喻指财富，指出财富并不是人生快乐的全部，相反如若一味迷失于财富，则会带来人生的殃祸。

17. 债半钱喻

往有商人，贷[①]他半钱，久不得偿，即便往债[②]。前有大河，雇他两钱，然后得渡。到彼往债，竟不得见。来还渡河，复雇两钱。为半钱债，而失四钱，兼有道路疲劳乏困。所债甚少，所失极多，果被众人之所怪笑。

世人亦尔，要少名利，致毁大行[③]。苟容己身，不顾礼义，现受恶名，后得苦报。

［注释］

①贷：借给。②债：讨债、要债。③大行：行，一般指按教义进行佛道修行和体验。佛教著述中常用“境、行、果”来构建学说。大行，即最重要、最根本的教义和修行。

［译文］

曾经有个商人，借给别人半文钱，很久也不见那人来偿还，于是便亲自去讨债。半路遇到前方有条大河，雇了一条船花了两文钱，然后才能过河。到了那人家中讨债，可是没有看见人。只好又回来，渡河又花了两文钱。为了讨半文钱的债而损失了四文钱，加上路上奔波人困体乏。借给别人的钱很少，而损失的却很多，结果遭到大家的讥笑。

世间众人也是如此，为了追求极少的名誉和利益，以致毁灭根本的教义和德行。仅仅为了要使自身得到安逸，便不顾礼义廉耻，不但现实社会要招来恶名，而且将来还要遭到恶报。

[评析]

不可因小失大的道理，世人大多明白，但真的要做得到却十分困难，根本原因就是人们很难完全抛弃世俗名利的诱惑。在佛教看来，与修行求解脱获得清静佛智相比，一切尘世的名利都是不重要的。

18. 就楼磨刀喻

昔有一人，贫穷困苦，为王作事。日月经久，身体羸瘦。王见怜愍，赐一死驼。贫人得已，即便剥皮，嫌刀钝故，求石欲磨。乃于楼上得一磨石，磨刀令利，来下而剥。如是数数往来磨刀，后转劳苦，惮[①]不能数上[②]，悬驼上楼，就石磨刀。深为众人之所嗤笑。

犹如愚人毁破禁戒[③]，多取钱财，以用修福，望得生天[④]。如悬驼上楼磨刀，用功甚多，所得甚少。

[注释]

①惮：害怕、担心。②数上：多次在上下楼之间跑来跑去。③禁戒：佛门戒律。④生天：生于天上，成为天上的存在。天在佛教中意味着自然清净的最佳处所，生天也即到达最美好、清净的境地。

[译文]

从前有个人，贫穷困苦，替国王做事情。年月久了，身体瘦削羸弱。国王看他可怜，就赏赐了一头死骆驼给他。穷人得到之后，便把骆驼皮剥掉，因为嫌刀太钝的缘故，便四处找寻磨刀石来磨刀。在一座阁楼上找到了一块磨刀石，他在楼上磨利刀刃之后，到楼下继续剥皮。就这样楼上楼下来回多次磨刀剥皮，弄得疲惫不堪，担心再也爬不动楼梯，于是就把骆驼吊上楼去，便可以靠近磨刀石方便磨刀了。他的行为深受大家嘲笑。

就好比愚昧的人破坏佛教戒律，大肆积聚财富，希望可以用来享福，到达最美好的天的境界。好像把骆驼吊上阁楼磨刀一样，做的功越多，得到的福报越少。

[评析]

故事中的愚人不惜舍易求难，即使来回上下楼磨刀仍然乐此不疲，在一般人看来十分好笑。佛教更加明确指出，积敛财富就正如这个磨刀的愚人，积累得越多，犯下的罪孽越深，也更加远离解脱的境地。佛教对钱财的摒弃态度十分明确，这与中国传统“舍利取义”的价值观具有一定的相通之处。此喻启发人们抛弃颠倒妄想，以佛门智慧扫离狭隘知见，打开心胸，转换思维，改变人生，完成人格。

19. 乘船失钎[①]喻

昔有人乘船渡海，失一银钎，坠于水中。即便思念："我今画水作记，舍之而去，后当取之。"行经二月，到师子诸国[②]，见一河水，便入其中，觅本失钎。诸人问言："欲何所作？"答言："我先失钎，今欲觅取。"问言："于何处失？"答言："初入海失。"又复问言："失经几时？"言："失来二月。"问言："失来二月，云何此觅？"答言："我失钎时，画水作记。本所画水，与此无异，是故觅之。"又复问言："水则不别。汝昔失时，乃在于彼；今在此觅，何由可得？"尔时众人无不大笑。

亦如外道，不修正行[③]，相似善[④]中，横计苦因，以求解脱，状如愚人，失钎于彼，而于此觅。

[注释]

①钎：同"盂"，一种食器的名称。②师子诸国：即僧迦罗国，意为执师子国、师子国。宋以后的著作如《诸蕃志》中称其为"细兰"，明代译作"锡兰"，后沿用。③正行：正确的修行，相对于杂行、邪行而言。④相似善：指似是而非的善的思想和行为。

[译文]

从前有个人乘船渡海，途中一个银盆掉进水中。他想道："我现在把这里的水做个记号，丢下它先走，然后再来捞取。"船走了两个月，来到师子国，这人看见一条河，便扑入水中去找丢失的银盆。众人问道："你这是想干什么？"他回答说："我之前掉了一个盆，现在想捞它上来。"人们问他："那是什么地方丢失的？"他回答说："刚入海时弄丢的。"人们又问："丢了多长时间？"答："丢了两个月。"众人问："丢了两个月，为什么到这里来找？"这人说："我丢失盆的时候，在水上做了记号，原来做记号的那水，与这条河并无两样，所以下水寻盆。"人们又问："水即使没有差别，可你以前丢失的东西还是在那个地方，如今跑到这儿来找，怎么能找到呢？"当时众人没有不大笑的。

也正如外道一样，不去专心修行正确的佛法，而在一些似是而非的善行之中，以错误的修行方法，诸如绝食、火烧等苦行，希望求得解脱。正好像那个愚人，在别的地方丢了盆，却到这里来寻找一样。

[参考资料]

《吕氏春秋·察今》：楚人有涉江者，其剑自舟中坠于水，遽契其舟曰：是吾剑之所从坠。舟止，从其所契者入水求之。舟已行矣，而剑不行。求剑若此，不亦惑乎！

[评析]

这则故事与《吕氏春秋》中"刻舟求剑"的故事非常相似，但寓意略有不同。"刻舟求剑"的寓言主要说明万事万物都处于变化之中，人们应该根据条件的变化去寻求问题的解决途径。但本则故事要说明的是，佛教修行不是只要付出辛苦努力，而是要参透佛理，和佛教一向反对苦修苦行的宗旨相契。

20. 人说王纵暴喻

昔有一人，说王过罪，而作是言：“王甚暴虐，治政无理。”王闻是语，即大瞋恚，竟不究悉谁作此语，信旁佞[①]人，捉一贤臣，仰[②]使剥脊，剥百两肉。有人证明此无是语，王心便悔，索千两肉，用为补脊。夜中呻唤，甚大苦恼。王闻其声，问言：“何以苦恼？取汝百两，十倍与汝，意不足耶？何故苦恼？”旁人答言：“大王，如截子头，虽得千头，不免子死。虽十倍得肉，不免苦痛。”

愚人亦尔，不畏后世，贪得现乐，苦切众生[③]，调发[④]百姓，多得财物，望得灭罪，而得福报。譬如彼王，剥人之脊，取人之肉，以馀肉补，望使不痛，无有是处[⑤]。

[注释]

①佞（nìng）：指专门进谗献媚的小人。②仰：命令。③苦切众生：这里指欺压世人，使之受苦。④调发：支配、驱遣。⑤是处：合情理的、行得通的方法。

[译文]

从前有个人，议论国王的罪过，这样说道：“大王真是太暴虐了，治理朝政毫无道理。”国王听了这话，马上大发雷霆，竟然不追究清楚是谁说这话的，听信身边那些善于进谗献媚小人的话，抓了一位贤臣，命令剥开他的脊背，割下一百两肉来。有人证明他并没有说辱骂国王的话，国王心里很是后悔，便取来一千两肉用以填满这位贤臣的脊梁。贤臣夜里因为痛苦，呻吟不止，国王听见了，问道："你为何如此痛苦呢？割下你一百两肉，又用十倍的肉填上，难道还不满足吗？为什么这般痛苦？"旁人回答说："大王如果砍掉了他的头，即使用一千个头来作补偿，仍不能使其免去一死；现在即使您补偿他十倍的肉，仍难免痛苦。"

愚蠢的人也是如此，不畏惧将来的恶报，只图贪慕现今的快乐，拼命压榨世人，驱遣支配百姓，搜罗积聚财物。而后施舍，期望能消除自己的罪过，获得福报。正好比那个国王，割了贤臣的脊背，取了他的肉，用其他肉来补偿，希望令其不再痛苦，是不可能办到的。

[评析]

虽说"知错能改，善莫大焉"，但有些过错却不容易弥补。因此必须在事前充分考虑后果，不应率性而为。

21. 妇女欲更求子喻

往昔世时，有妇女人，始有一子，更欲求子。问馀妇女："谁有能使我重有子？"有一老母语此妇言："我能使尔求子可得，当须祀天[①]。"问老母言："祀须何物？"老母语言："杀汝之子，取血祀天，必得多子。"时此妇女，便随彼语，欲杀其子。旁有智人，嗤笑骂詈[②]："愚痴无智，乃至如此！未生子者，竟可得不？而杀现子。"

愚人亦尔，为未生乐[③]，自投火坑[④]，种种害身，为得生天。

[注释]

①祀天：祭祀天神。②骂詈（lì）：詈，骂、责备。③未生乐：还没有产生的快乐。④火坑：形容产生痛苦的环境。

[译文]

过去曾有位妇女，起初已经有了一个儿子，还想再要生儿子。她问其他妇女："你们有谁能令我再有个儿子？"有一个老太婆，对这个妇女说："我可以让你再求个儿子，但必须酬祭天神。"妇女问老太婆道："那祭祀需要什么祭品呢？"老太婆说："把你的儿子杀了，用他的血来祭祀天神，必然可以多生儿子。"这个妇女听了这话，便按照她说的，要杀自己的儿子。旁边一位智者见了，嘲笑并责骂她道："你愚蠢痴傻，竟到如此地步。还没出生的儿子，能不能得到还不知道呢，却要杀掉自己现在的儿子！”

愚人也是这样，为了那还没有产生的快乐，自愿投身于火坑，经历种种残害身体的苦行，就是为了能升入美好的天界。

［评析］

佛教有“三世因果”之说，宣称人的前世、今生、来世之间彼此有因果联系。但是佛教既以“来世”的果报给现世之人提供希望与警戒，又将其学说重心立于当下现实。这则寓言非常生动地提醒人们，尽管愿望是美好的，但却不能脱离现实，更不能放弃现实的一切去追逐空虚缥缈的未来。只有立足于当下，才有可能把握未来。佛教与其他外道不同，它教导人们要有一颗平常之心，从现状出发笃实遵行佛教戒律，精进修行，而不应迷失在对未来不切实际的幻想和虚妄的行动上。在佛教看来，对未来的幻想是人欲望的体现，无休无尽的欲望只能将人束缚得更紧而不得解脱。

22. 入海取沉水①喻

昔有长者子，入海取沉水，积有年载，方得一车。持来归家，诣②市卖之。以其贵故，卒无买者。经历多日，不能得售，心甚疲厌，以为苦恼。见人卖炭，时得速售，便生念言："不如烧之作炭，可得速售。"即烧为炭，诣市卖之，不得半车炭之价值。

世间愚人，亦复如是。无量③方便④，勤行精进，仰求佛果⑤。以其难得，便生退心，不如发心求声闻果⑥，速断生死，作阿罗汉。

［注释］

①沉水：即沉香。因为其木质坚实，入水可沉，故而得名。采沉香应该先砍断其树，放在地上等时间长了，外层开始腐烂，树木中心又坚硬又黑，就是沉香了。②诣：到。③无量：不可计量，形容广阔。④方便：为引导众生修行得道的权宜方法。无量方便，指各种引导信众的方法。⑤佛果：成佛的结果，即获得最高智慧，成就最高觉悟。与佛因相对。⑥声闻果：声闻，即"声闻乘"，与"缘觉乘"合称"二乘"，与"缘觉乘、菩萨乘"合称"三乘"，是佛教主要思潮及其修习者之一。声闻果，指通过佛教义理修行，得以从世俗烦恼中解脱出来。

［译文］

从前有个长者的儿子，到海中打捞沉香。经过一年艰辛努力，才打捞了一车。拉回家后，送到集市上去卖，因为价格昂贵的原因，一直无人问津。过了很多天，仍然卖不出去，这人心里充满了疲倦厌烦，非常苦恼。他看见其他卖炭的人，一下子就卖光了，心中便想：“不如我把沉香木烧成炭，这样可以卖得快些。”于是他把沉香烧成炭，拿到集市上去卖，最后卖了半车木炭的价钱。

世上愚人，也是如此。他们借助种种权宜的修行方法，勤奋苦练，专意进取，期望能通过佛家修行，但因为难以实现，便产生了退却的念头。于是就以为不如按佛法进行修持，悟得最下等的声闻果，可以速速逃离生死轮回的苦海，虽不能成佛，能达到佛教弟子的境界也就可以了。

[评析]

这则故事中，那位“长者之子”喻指本来有很好的家庭、社会地位的修行者；珍贵的沉香木喻指佛教引导人证悟佛果的精深义理；入海求取沉香的艰辛喻指人在茫茫尘世寻找走向解脱之路的艰难。那些有较好社会背景的佛教信徒抛弃名利地位本已是非常难得，好不容易找到了走向解脱的途径，就更加应该以持久的恒心和耐力继续精进修行，由于急功近利而放弃则太可惜。佛教主张渐修，并不是反对顿悟，而是反对修行者为了急于求成而荒废修行的错误知见。

23. 贼偷锦绣用裹[1]氀褐喻

昔有贼人，入富家舍，偷得锦绣，即持用裹故弊氀褐[2]种种财物，为智人所笑。

世间愚人亦复如是。既有信心入佛法中[3]，修行善法及诸功德[4]，以贪利故，破于清净戒[5]及诸功德，为世所笑，亦复如是。

[注释]

①用裹：用来包裹。②弊氀（lǘ）褐：弊，破旧；氀褐，毛织品。③入佛法中：即听从佛法的教导。④功德：功，功能，福利的功能；德，即善德。一般而言，功德是具体的实际的与佛法相应的善事，特别指能产生实际效果的善事，如诵读佛典、礼佛、布施等。⑤清静戒：指佛教为远离世间烦恼困扰而立的戒律。

[译文]

从前有个小偷，偷偷潜入富人家中行窃，偷来精美的丝绸，就用来包裹他那些破破烂烂的毛布衣之类的东西，被明理之人嘲笑。

世间愚人，也是这样的。既然有信心听从佛法教导，去修行各种善法，诵经礼佛积累功德。但因贪图利益的缘故，破坏了远离世间烦恼的清规戒律和种种功德，被世间之人嘲笑，也是这个道理。

[评析]

随着佛教的传播和影响愈来愈大，也难以逃脱被包藏祸心之人利用的命运。有些人表面上听从佛法、布施积善，但实质上却仍然贪图名利，甚至把布施当作博取名利的手段，把佛教徒的身份当作争权夺利的幌子。佛教告诫他们，这样只能使自己更加陷入无休止的烦恼，一无所获，自作自受。

24. 种熬胡麻子①喻

昔有愚人，生食胡麻子，以为不美，熬而食之为美。便生念言："不如熬而种之，后得美者。"便熬②而种之，永无生理③。

世人亦尔。以菩萨④旷劫⑤修行，因难行苦行，以为不乐，便作念言："不如作阿罗汉，速断生死，其功甚易。"后欲求佛果，终不可得。如彼灼种⑥，无复生理。世间愚人，亦复如是。

［注释］

①胡麻子：即芝麻。我国西北地区有的地方把油用亚麻也叫作胡麻，其子也可以食用，油渣可以作饲料。②熬：炒。③生理：生长出来的道理。④菩萨：全称为"菩提萨埵"，意即"觉有情"、"道众生"等。菩萨原始意义为"聪慧者"，大乘佛教强调菩萨不但"自利"（成佛），而且"利他"（印度人觉悟成佛），是指以佛法觉悟众生并以最终成佛为实践目的的修行者。"菩萨"亦是大乘佛教特别提倡的佛教信众。大乘一切教理和实践，全是以菩萨为主体设计和构建的。大乘亦称"菩萨乘"；按菩萨标准修持实践为"菩萨行"；规范菩萨思想行为的戒律名为"菩萨戒"；以菩萨为内容的经典著作称为"菩萨藏"。⑤旷劫：劫，又音译为"劫波"，通常用来表示世界的年龄，是非常大的时间单位，如成、住、坏、空等四大劫。旷劫，形容久远的岁月。这里意为修行者经过漫长岁月守持佛戒。⑥灼种：把种子烧熟。

［译文］

从前有个愚人，生吃胡麻的子，觉得味道不够鲜美，于是将其炒熟了来吃，感觉甚是美味。于是他想：“我还不如把它全部炒熟之后种下，以后结出的胡麻子就会味美了。”他便把胡麻子炒熟了作为种子栽种，却当然永远也不可能长出胡麻来。世间之人也是这样，以为菩萨是经过漫长累世修行才可以成就的，因为担心这个苦难的修行没有快乐，便想：“还不如做个阿罗汉，速速断绝生死轮回的痛苦，那种修行功夫就会轻松容易很多了。”而以后想求证佛果，却始终不可能达到。正好像那人把种子烧熟了去种，是永远不可能生长出来的。世间愚人，也正是如此。

[评析]

这则寓言同样警示人们，要得到美好的回报，必须有辛勤的耕耘。佛教的菩萨也是经过漫长岁月、矢志不渝的修行才达到的果位。

25. 水火喻

昔有一人，事须火用，及以冷水，即便宿火①，以澡盥②盛水，置于火上。后欲取火，而火都灭；欲取冷水，而水复热。火及冷水，二事俱失。

世间之人，亦复如是。入佛法中，出家求道。既得出家，还复念其妻子眷属世间之事，五欲③之乐。由是之故，失其功德之火，持戒之水。念欲之人，亦复如是。

[注释]

①宿火：宿，同“缩”，取。②澡盥（guàn）：澡盆。盥，指清洗用的器皿。③五欲：佛教中指由色、声、香、味、触，即眼、耳、鼻、舌、身五种感官而引起的五种欲望。佛教认为五欲是难以脱离苦海的主要原因。

[译文]

从前有个人，办事须用火以及冷水。于是他取来火，又用澡盆盛满水，放在火上。而后想取火用，可是火都已经熄灭了；想取冷水来用，可水又被火烧热了。火以及冷水，这两样东西都失去了。

世间之人，也是这样。皈依佛门，出家求佛法，尽管已经出家，但仍然挂念着家中的妻子儿女、父母亲眷，仍执著于世俗情事，以及色、声、香、味、触这五种欲望的乐趣。因为这个缘故，失去了他原有修行的功德火种，也失去了他信守戒律的清净之水。

贪恋情欲的人也往往两样都会失去。

[评析]

水火不容，这是一对典型的矛盾。在印度佛教看来，出家修道、变俗求志与挂念尘俗、担念亲眷犹如水、火，是彼此对立的。佛教要求修行者出家，就是要断绝其七情六欲，从而信守戒律；若仍牵挂家中父母子女，对世界福乐回味无穷，那么不断燃烧的欲望之火就会破坏静修得来的清凉之水。尽管修行继续，却会如这则故事中的愚人最后取火而火灭，取冷水而复热，徒劳无功而已。

26. 人效王眼瞤喻

昔有一人，欲得王意[①]，问馀人言：“云何得之？”有人语言：“若欲得王意者，王之形相，汝当效之。”此人即便往至王所，见王眼瞤[②]，便效王瞤。王问之言：“汝为病耶？为著风[③]耶？何以眼瞤？”其人答王：“我不病眼，亦不著风，欲得王意，见王眼瞤，故效王也。”王闻是语，即大瞋恚，即便使人种种加害，摈[④]令出国。

世人亦尔，于佛法王[⑤]欲得亲近，求其善法，以自增长。既得亲近，不解如来法王为众生故，种种方便，现其阙短，或闻其法，见有字句不正，便生讥毁，效其不是。由是之故，于佛法中永失其善，堕于三恶[⑥]。如彼愚人，亦复如是。

［注释］

①得王意：这里指得到国王的青睐、赏识、恩宠。②眼瞤：瞤，跳动。眼，指眼皮跳。③著风：被风吹了后痉挛。④摈（bìn）：驱逐、抛弃。⑤佛法王：即指对佛陀释迦牟尼的尊称。下文的如来也是对佛陀的一种尊称。佛通晓一切法，并能任运主宰之，不为一切法所主宰。⑥三恶：即地狱、饿鬼、畜生三恶道。

［译文］

从前有个人，想得到国王的青睐，便问其他人道：“怎样才能得到国王赏识呢?”有人告诉他:“想得到国王赏识,你应该尽量模仿国王的形态相貌。”于是这个人来到国王居住的地方,他看见国王的眼皮在跳便也仿效国王跳眼皮。国王问他:“你是不是病了?还是受了风寒得了痉挛?怎么你的眼皮跳得如此厉害?”那人回答国王说:“我没有眼病,也不曾受风寒,只是想得到大王您的青睐,看见您的眼皮在跳,所以模仿您啊。”国王听了这话,立即勃然大怒,于是呵斥左右对他施以各种刑罚,并驱逐出境。

世间之人也是这样的,想与佛陀更加接近,学习能令人解脱的教义,增长自己的智慧。可是既然已经接受了佛陀教诲,却又不懂得佛陀为普度众生而施行的各种方便法门的真谛,因为各种方法都有不甚完备的地方,在听教义宣讲时,遇到有的字句不当,便讥笑诋毁,专门模仿不足之处。因为这个原因,在佛法之中永远丢弃了最有助于修行成善的东西,最后堕入三恶道。就好像那人模仿国王眼皮跳被驱逐出境一样,最后也同样反受其害。

[评析]

故事中的愚人曲意奉承国王,反而因为没有弄清国王眼瞤的真正原因就胡乱模仿招致祸端,借以讽喻外道未明佛法的真谛只抓住某些字句就诋毁佛教教义。这自然是出于护法的需要为佛教所做的辩护,但同时也启示我们平常处理问题不应只看到表面现象,而应弄清内在本质之后方才对症下药。

27. 治鞭疮喻

昔有一人，为王所鞭[①]。既被鞭已，以马屎傅之[②]，欲令速差[③]。有愚人见之，心生欢喜，便作是[④]言："我快得是治疮方法。"即便归家，语其儿言："汝鞭我背，我得好法，今欲试之。"儿为鞭背，以马屎傅之，以为善巧。

世人亦尔，闻有人言，修不净观[⑤]即得除去五阴身疮[⑥]。便作是言："我欲观于女色及以五欲。"未见不净，反为女色之所惑乱，流转生死，堕于地狱。世间愚人，亦复如是。

［注释］

①鞭：鞭笞、鞭打。②傅之：傅，通"敷"，指敷伤口。③差：又写作"瘥"，这里指伤口愈合。④是：这个。⑤不净观：又称为不净想，佛教一种禅定方式。指透过观想肉体的不净，而去除种种贪欲的观法。不净观与慈悲观、缘起观、界分别观、数息观合称禅观"五停心观"，用以分别解除世俗之贪欲、瞋恚、愚痴、我见、散乱浮躁等心绪。⑥身疮：指外界和精神产生的身心痛苦。

［译文］

从前有个人被国王鞭打。被鞭打受了伤，他便用马屎敷在伤口上，希望使伤口快点愈合。有个愚人看见他这样，心里非常高兴，想："我很快就能掌握这个治疮良方。"于是他跑回家，对儿子说：

"你用鞭子抽我的背，我有很好的治伤方法，现在想来试试。"他儿子便用鞭子抽打他的背，然后用马屎敷在他背上，他自以为得到了一个治疗疮伤的好方法。

世间之人也是这样，听到有人说："修行通过观想肉体不净的禅观，就可以消除色、受、想、行、识等方面的痛苦。"于是便想："我想见到女色和体会眼、耳、鼻、舌、身五种感官欲望。"还没修炼不净观，反而被女色迷惑乱了心智，以致在生死轮回中流转，最终堕入地狱。世上愚蠢之人，也同样这样。

[评析]

被烦恼困扰而"病急乱投医"的情况是可以理解的，但是像故事中的愚人一样自寻烦恼却不为佛教所容。实际上，在佛教看来，世间一切烦恼都是人们自找的，其结果是自己受到伤害。

28. 为妇贸鼻喻

昔有一人，其妇端正，唯有鼻丑。其人外出，见他妇面貌端正，其鼻甚好，便作是言："我今宁可截取其鼻著[①]我妇面上，不亦好乎！"即截他妇鼻，持来归家，急唤其妇："汝速出来，与汝好鼻。"其妇出来，即割其鼻，寻以他鼻著妇面上。既不相著，复失其鼻，唐[②]使其妇受大苦痛。

世间愚人，亦复如是。闻他宿旧[③]沙婆罗门[④]有大名德[⑤]，而为世人之所恭敬，得大利养，便作是念言："我今与彼便为不异。"虚自假称，妄言有德，既失其利，复伤其行。如截他鼻，徒自伤损。世间愚人，亦复如是。

［注释］

①著：安置。②唐：唐突、荒唐。③宿旧：过去。④沙婆罗门：这里指婆罗门的高僧。⑤大名德：即指修行有道，有大德行。佛教中用以对长老以及弘扬佛法的高僧的敬称。

［译文］

曾经有个人，他的妻子长得很是端庄秀丽，就是鼻子有点难看。这个人出外办事，看见另一个妇女面貌长得端庄，鼻子也非常好看。他于是想道："我现在不如把她的鼻子割下来，安在我妻子脸上去，岂不是很好？"于是他割下那个妇女的鼻子，拿着回到家，急忙喊他的妻子："你快出来，我给你换个好鼻子。"他妻子一出来，他便割下她的鼻子，立刻把那个妇女的鼻子安在妻子的脸上。可是既安不上去，原来的鼻子也割掉了，荒唐地令其妻子承受了很大痛苦。

世间愚蠢之人，也是这样。听说过去婆罗门教的高僧，因为修行得道的名声，而受到世人的恭敬，从而得到很多供养。于是心里便想："现在我与他，并没有什么不同。"于是自吹自擂，假称自己修行有德，这样不仅没有得到供养，而且也败坏了自己原来的形象和积累的功德。正如把人家的鼻子割了下来，只会荒唐地伤害自己。世界上的愚人，也是这样的。

[评析]

故事中的愚人损人又害己的行为自然是不可取的，但是导致愚人这种行为的却是人永不满足的欲望。本已拥有一位端庄秀丽的妻子，却以追求十全十美的心态去改造不可改造的事实，这就是人在欲望驱使下常常发生的既可笑又可怕的行为。虽然故事本身是借以讽喻婆罗门教徒为求名利吹嘘自己，但对于那些为了无休止的欲望而捏造谎言、丧失自我的芸芸众生同样有警示作用。

29. 贫人烧粗褐衣喻

昔有一人，贫穷困乏。与他客作[①]，得粗褐衣[②]，而被著之。有人见之，而语之言：“汝种姓端正[③]，贵人之子，云何著此粗弊衣褐？我今教汝，当使汝得上妙衣服。当随我语，终不欺汝。”贫人欢喜，敬从其言。其人即便在前然火，语贫人言：“今可脱汝粗褐衣着于火中，于此烧处，当使汝得上妙钦服[④]。”贫人即便脱着火中。既烧之后，于此火处求觅钦服，都无所得。

世间之人，亦复如是。从过去身修诸善法，得此人身，应当保护，进德修业，乃为外道邪恶妖女之所欺诳：“汝今当信我语，修诸苦行，投岩赴火，舍是身已，当生梵天[⑤]，长受快乐。”便用其语，即舍身命。身死之后，堕于地狱，备受诸苦。既失人身，空无所获，如彼贫人，亦复如是。

［注释］

①客作：打工。②粗褐衣：指用毛或粗麻制成的衣服。③种姓端正：这里指出身高贵，属于四种姓之中较高等级的。④上妙钦服：指上等的服装。⑤梵天：本是作为印度思想万有根源的梵或婆罗门的神格化，是婆罗门教、印度教的创造之神。佛教用以指称色界的初禅天，是释迦牟尼的护法神，立于其右侧，持白拂。这里指进入清静、不灭的最高境界。

[译文]

从前有一个人，贫困潦倒。他给人家打工，赚了一件粗麻衣服穿着。有人看见对他说："你本是出身名门，贵人的后代，怎么能穿如此破烂的衣服？我现在教你方法，一定使你能够穿上华贵的衣服。你必须听我的话，我绝对不会欺骗你的。"穷人听了非常高兴，对他唯命是从。那人便在他面前生起一个火堆，对穷人说："你现在脱下这件破衣服丢在火中。在烧掉衣服的地方，你就能找到一件上乘的衣服。"穷人立刻脱了衣服丢进火中，烧尽后在灰烬里寻找华美的衣服，最终一无所获。

世间之人，也是这样。前世经过长期修行佛法才有了今天的身体。原本应该小心保护，继续更加用功修行，可却被外道邪恶和女色诱惑欺骗："你现在应该听我的话，修行种种苦行，投山谷、跳火坑，舍弃自己这身皮囊，就能到达清净境界，永远享受快乐。"人便依照这话，舍弃自己的身体性命。结果死了之后，堕入地狱，饱受苦难，既失去了自己的身体，又一无所得。就像那个穷人丢掉破衣服仍是一无所获，道理是一样的。

[评析]

人身难得，佛法难闻。佛教教义尽管宣扬要忍辱精进，却反对一味地苦行。投岩赴火，对身体百般摧残实际上毁灭了自己前世积德修来的躯体。应该放下脱离实际的幻想，立足于现实，珍惜人生，一步一个脚印。

30. 牧羊人喻

昔有一人，巧于牧羊，其羊滋[①]多，乃有千万。极大悭贪[②]，不肯外用。时有一人，善于巧诈，便作方便[③]，往共亲友，而语之言："我今共汝极成亲爱，便为一体，更无有异。我知彼家有一好女，当为汝求，可用为妇。"牧羊之人，闻之欢喜，便大与羊及诸财物。其人复言："汝妇今日已生一子。"牧羊之人，未见于妇，闻其已生，心大欢喜，重与彼物。其人后复而与之言："汝儿已生，今死矣！"牧羊之人，闻此人语，便大啼泣，嘘欷不已[④]。

世间之人，亦复如是。既修多闻[⑤]，为其名利，秘惜其法，不肯为人教化演说，为此漏身[⑥]之所诳惑，妄欺世乐，如己妻息[⑦]，为其所欺，丧失善法[⑧]。后失身命，并及财物，便大悲泣，生其忧苦。如彼牧羊之人，亦复如是。

[注释]

①滋：增长。②悭（qiān）贪：贪婪、吝啬。③方便：方法、计谋。④嘘欷（xī）不已：形容由于极度悲伤，抽搐得很厉害。⑤多闻：即较多地听取佛教教义。⑥漏身：漏，指缺失、染污，为"烦恼"的异名。漏身，指世俗的烦恼充斥身心。⑦妻息：息，指子女。妻息，即妻子儿女等亲人。⑧善法：佛教真实教义。

[译文]

从前有一个人，非常擅长于牧羊，他的羊越来越多，乃至有上千万头之多。可是他非常吝啬，不肯借给外人用。当时有个人，善于使巧计骗人，于是就和他套近乎，成为很密切的朋友，这人对牧羊人说："我现在和你已经亲密无间了，好像一个人一样，没有什么彼此之分。我知道有一户人家有一位很漂亮的姑娘，我将替你去说媒，可以娶来做妻子。"牧羊人听了非常欢喜，就给了他很多羊和其他财物。这人后来又对他说："你妻子今天已经生了一个儿子。"牧羊人连妻子的面都没有见到，听说她已经生了孩子，心中大感欢喜，又给了这人很多财物。后来这人又对牧羊人说："你儿子生了之后，今天又死了！"牧羊人听了这话，于是号啕大哭起来，抽搐不已。

世间之人，也是这样。既然已经修习听闻佛法经义，可只是为了自己的名利，吝惜自己的修持方法和心得，秘不示人，不肯为别人讲解宣传。因为受到世俗烦恼的困扰和迷惑，妄想得到世间快乐，譬如受到自己的妻子儿女之类的欢乐迷惑。最后丧失了佛法真谛，损失身家性命和财物，又悲痛忧愁，产生了苦闷。就好像那个牧羊人，就是如此。

[参考资料]

《列子·周穆王》：燕人生于燕而长于楚，及老而还本国。过晋国，同行者诳之，指城曰："此燕国之城。"其人愀然变容。指社曰："此若里之社。"乃喟然而叹。指舍曰："此若先人之庐。"乃涓然而泣。指垄曰："此若先人之冢。"其人哭不自禁。同行哑然大笑，曰："昔绐若，此晋国耳。"其人大惭。及至燕，真见燕国之城社，真见先人之庐冢，悲心更微。

[评析]

这则寓言表明佛教济世度人的人生态度。佛门主张法布施、财布施，吝啬的牧羊人比喻为了声名而不进行法布施的人，巧诈之人比喻世俗的烦恼。佛教中菩萨上求佛道，下化众生，这种利他精神在佛教中十分受推崇。佛教认为个人的理解能力和意志力都是有限的，如若大家相互帮助，共闻法音，分担痛苦，会更易于消化、吸收教义，抵御烦恼侵袭。

31. 雇倩[1]瓦师喻

昔有婆罗门师，欲作大会[2]，语弟子言：“我须瓦器以供会用。汝可为我雇请瓦师，诣市觅之。”时彼弟子往瓦师家。时有一人，驴负瓦器，至市欲卖。须臾之间，驴尽破之。还来家中，啼哭懊恼。弟子见已，而问之言：“何以悲叹懊恼如是？”其人答言：“我为方便，勤苦积年，始得成器。诣市欲卖，此弊恶驴，须臾之顷，尽破我器。是故懊恼。”尔时弟子见闻是已，欢喜而言：“此驴乃是佳物，久时所作，须臾能破。我今当买此驴。”瓦师欢喜，即便卖与。乘来归家，师问之言：“汝何以不得瓦师将来，用是驴为？”弟子答言：“此驴胜于瓦师。瓦师久时所作瓦器，少时能破。”时师语言：“汝大愚痴，无有智慧。此驴今者适可能破，假使百年，不能成一。”

世间之人，亦复如是。虽千百年受人供养，都无报偿，常为损害，终不为益。背恩之人亦复如是。

［注释］

①倩：即“请”。②大会：这里指婆罗门教徒的盛大的法会。

［译文］

从前有位婆罗门教的法师，想召开一个盛大的讲法大会。他对一个弟子说：“我法会上需要一批瓦器。你去替我雇请一个瓦师回来，就到集市上去找。”那个弟子遵命往瓦师家去。这时，那做瓦器的人正赶着一头驴子驮着瓦器到集市上去卖，忽然，那毛驴一颠，顷刻之间，瓦器全都被摔破了。那人回到家中，痛哭流涕，懊恼不已。那个弟子见状就问他：“为什么这么悲伤懊恼？”那人答道：“我为了贪图方便，想把辛苦工作了一年攒下来的瓦器拿到集市上去卖，这头野蛮的驴子，一下子就把我的瓦器全部摔烂了，所以苦恼不已。”这时弟子听见了这话，高兴地说：“这头驴是好东西，花费很长时间做的瓦器，它一下就能全都打破，我现在就要买下这头驴。”瓦师非常高兴，于是立即卖给他。他乘着驴子回到家中，法师问道：“你为什么不请个瓦师来，却去找个驴子干什么？”弟子回答道：“这头驴比瓦师强，瓦师很久才做好的瓦器，它一会儿就能全部打破。”这时法师说：“你真是太愚蠢了，一点智慧都没有。这头驴虽然可以摔坏瓦器，可即使给它一百年，它也不能制成一个瓦器。”

世间之人，也是如此。即使千百年来受到别人的供养，也没有一点报答补偿，反而常常损害别人，从不为别人造福。忘恩负义的人，也同样如此。

[评析]

“得人恩果千年记”，忘恩负义的人必将受到唾弃。这种报恩思想是中国传统伦理和佛教教义中的重要内容。故事中的恶驴受主人养育多年，不仅没有报答，相反却给主人带来破坏和损失，而那个弃瓦师买驴的弟子更加不明是非，认贼为友。当然，除了宣扬报恩的主张之外，这个故事还隐藏佛教反对婆罗门教权威统治的旨意。婆罗门教正好比那头驴子，长期占据统治地位，受到人民的供养，但却没有为人民带来福利，反倒以暴政残害人民。佛教更加启示人们要认清婆罗门的真正面目，指出它并不能带领众生走向解脱。

32. 估客[①]偷金喻

昔有二估客，共行商贾。一卖真金，其第二者卖兜罗棉[②]。有他买真金者，烧而试之。第二估客即便偷他被烧之金，用兜罗棉裹。时金热故，烧棉都尽。情事既露，二事俱失。

如彼外道，偷取佛法，著己法中，妄称己有，非是佛法。由是之故，烧灭外典[③]，不行于世。如彼偷金，事情都现，亦复如是。

[注释]

①估客：即贾客、商人。②兜罗棉：兜罗，一种树的名称，棉从树果中生出来，亦即木棉。另外野蚕茧也叫兜罗棉。本处指丝织品。③外典：指外道的经典。

[译文]

从前有两位商人，一起做买卖。其中一人卖真金，另一人卖兜罗棉。有人买真金的时候，用火烧金子来测试其纯度。另一个商人就立即乘人不注意的时候偷了被那人烧过的金子，用兜罗棉来裹着。由于金子烧了之后太热的缘故，兜罗棉都被烧毁了。这件事情也暴露了，两样东西都失去了。

就像那些外道之人，偷偷地盗取佛教学说，用在自己学说之中，假称是自己的教义，而不是佛教学说。为了掩饰两种学说的差异，于是烧毁了原来外道的经典，使之难以在世上流行。正如偷金者用兜罗棉包裹金子，事情全都败露，金子和棉布都失去一样。

[评析]

佛教告诫人们，已作不失，未作不得，善恶到头终有报，所有歪念和行为尽管可以包藏掩饰，但最终都会败露，损人害己。

33. 斫树[1]取果喻

昔有国王，有一好树，高广极大，当生胜果，香而甜美。时有一人来至王所。王语之言："此之树上将生美果，汝能食不？"即答王言："此树高广，虽欲食之，何由能得？"即便断树，望得其果。既无所获，徒自劳苦。后还欲竖，树已枯死，都无生理。

世间之人，亦复如是。如来[2]法王有持戒树，能生胜果[3]。心生愿乐，欲得果食，应当持戒[4]，修诸功德。不解方便，返毁其禁。如彼伐树，复欲还活，都不可得。破戒之人，亦复如是。

［注释］

①斫（zhuó）树：斫，砍、斩。斫树，砍树、斩树。②如来：佛的别称。如，如此；来，过去。两者合起来，即成如来，指已经觉悟的人格，由真理、真如而来的人格。③胜果：指香而甜美的果实，本文喻指修证圆满的涅槃境界，即佛果。④持戒：守护和遵行佛所制定的戒律。

［译文］

以前有个国王，拥有一棵很好的树，非常雄壮挺拔，将要结出味道香甜的果实。这时有个人来到国王居住的地方。国王对他说："这棵树上即将要结出美味的果实，你能吃到吗？"这人立即回答国王说："这树非常高大，即使想吃到果子，又怎么能摘得到呢？"于是就将树砍断，希望能摘到果子，结果一无所获，白费力气。后来还想将树竖立成原本模样，根本就没有生长出来的希望了。

世间之人，也是这样的。如来佛祖有修行节律求证佛法的“大树”，能够结出通达圆满涅槃境界的佛果。人们内心产生修行成佛的美好愿望，想尝到佛果的滋味，应该守护和遵行佛法戒律，修证各种善行，积累功德。可世人不懂得运用权便的智慧，反而破坏禁律戒条。就好像那个人把树砍了，又想让它复活，是不可能的。破戒的人，往往也是这样的结果。

[评析]

斫树求果，其实质是亲手断绝了获得果实的路径。成熟的果实固然甜美，令人羡慕，但通向成就正果的道路同样重要，其中的等待和艰辛不可跨越。佛教告诫修行者，能够实现涅槃境界固然是美好的，但念佛、诵经、布施等修行方法都是不可废除的。而且必须严格按教义检束自己的思想和行为，一时任意妄为就可能毁灭自己通向解脱的路途。

34. 送美水喻

昔有一聚落[①]，去王城五由旬[②]。村中有好美水[③]。王敕村人，常使日日送其美水。村人疲苦，悉欲移避，远此村去。时彼村主语诸人言：“汝等莫去，我当为汝白王，改五由旬作三由旬，使汝得近，往来不疲。”即往白王，王为改之，作三由旬。众人闻已，便大欢喜。有人语言：“此故是本五由旬，更无有异。”虽闻此语，信王语故，终不肯去。

世间之人，亦复如是。修行正法，度于五道，向涅槃城[④]，心生厌倦，便欲舍离，顿驾生死，不能复进。如来法王有大方便，于一乘法[⑤]分别说三[⑥]。小乘之人，闻之欢喜，以为易行，修善进德，求度生死。后闻人说，无有三乘，故是一道。以信佛语，终不肯舍。如彼村人，亦复如是。

[注释]

①聚落：指村民聚居的村落。②由旬：古代印度的路程计量单位，原指套一次牛所行的路程，大致分为上、中、下由旬三种，约各为六十里、五十里、四十里。③好美水：指纯净甜美的水源。④涅槃城：指圣人居住的地方。⑤一乘法：指一佛乘的教理，即一切众生皆能成佛的大乘教理。⑥分别说三：指将一乘法的教理分为声闻、独觉、菩萨三乘宣讲。声闻乘即接受教义；独觉乘即独自修行；菩萨乘即自利利他，上求下化，超脱人生。

[译文]

从前有座村落，离京城有五由旬的路。村里水源甜美。国王命令村里人，每天都要送去新鲜纯净的水。村里的人都疲惫不堪，想搬离此地逃避劳役。这时那个村的村长对大家说："你们大家不要走，我会替你们去请求国王，请他把五由旬路程改为三由旬路程，这样你们送水就近一些了，来回就不会这么累了。"于是就去和国王反映，国王就改为三由旬路。村民们一听，便非常高兴。有的人却说："这里离京城本就是五由旬路，现在就改为三由旬路，可实际上并没有什么不同啊。"大家虽然听了这话，因为相信国王的话，结果还是不肯搬走。

世间之人，也是如此。修行佛教教义通向解脱的方向，可是途中困苦产生厌倦情绪，便想抛弃修行，重新回到生死轮回的境地，不能进取。佛祖传法，以十分精妙的权宜方便，因人施教。佛祖将一切众生皆能成佛的大乘教理，分为声闻、独觉、菩萨三个层次来讲授。那些尊奉佛祖具有小乘根性的人，听说后非常欣喜，以为很容易修行，于是修善积德，祈求从生死轮回中解脱。后来听人说，根本不存在三种层次之分，实际上仍还是唯一的佛法，因为相信佛祖的话，始终不肯舍弃。好像那些村民，也是这样。

[参考资料]

《庄子·齐物论》：狙公赋芧，曰："朝三而暮四。"众狙皆怒。曰："然则朝四而暮三。"众狙皆悦。名实未亏而喜怒为用，亦因是也。

[评析]

这个故事乍看起来，有点像中国"朝三暮四"的寓言，村长用了言语上的改变欺骗村民，但实质却与先前是一样的。不过这里佛教却并非要抨击欺骗村民的村长，而是说明适当时机可以用一些权宜方法使人接受自己的主张。佛法修行分为三个层次比较容易些而乐于接受，但殊途同归，汇三归一，只要最终信受并按之修行，显然比因为厌倦而放弃要好得多。

35. 宝箧[①]镜喻

昔有一人，贫穷困乏，多负人债，无以可偿，即便逃避。至空旷处，值[②]得一箧，满中珍宝。有一明镜，著珍宝上，以盖覆之。贫人见已，心大欢喜，即便发之[③]。见镜中人，便生惊怖，叉手[④]语言："我谓空箧，都无所有，不知有君在此箧中，莫见瞋也。"

凡夫之人，亦复如是。为[⑤]无量烦恼之所穷困，而为生死魔王债主之所缠着，欲避生死，入佛法中，修行善法，作诸功德，如值宝箧。为身见镜之所惑乱，妄见有我[⑥]，即便封著[⑦]，谓是珍宝。于是堕落，失诸功德，禅定[⑧]道品[⑨]，无漏诸善，三乘道果[⑩]，一切都失。如彼愚人，弃于宝箧，著我见者，亦复如是。

[注释]

①箧（qiè）：匣子。②值：遇到、碰见。③发之：指打开匣子。④叉手：古印度的一种礼节，双掌交叉，表示敬畏。⑤为：被。⑥妄见有我：错误地以为存在真实的自我，也就是对自我的执著，即仍然没有从尘世烦恼和执著中解脱出来。⑦封著：指执著于幻象而封闭自己修行的道路。⑧禅定："禅"和"定"的合称，大体有三种含义：其一，作为"心所法"的一种，指专注一境，思想集中，即广义上的"定"。其二，特指为生于色界诸天而行之宗教思维修习。其三，作为佛教三学之一的定学，指通过精神集中、观想特定对象而获得佛教悟解或功德的一种思维修习活动。一般说，大乘将禅定与"般若"

结合起来，以“智慧”指导禅定，故“止”、“观”并重，“定慧双修”。中国禅宗以“禅”命宗，进一步扩大了禅定的观念，重在“修心”、“见性”，而不再限于静坐凝心、专注观境的形式。⑨道品：即三十七道品，指通向涅槃的道法。⑩三乘道果：指达到声闻乘、独觉乘、菩萨乘三种境界。

［译文］

从前有个人，非常贫穷饥困潦倒，四处欠人很多的债，无力偿还，于是离乡背井外出躲债。到了一个空旷的地方，正好遇见一个匣子，里面满是珍宝。匣中有一块明镜，放在珍宝之上，用来盖着珍宝的。穷人看见了心中十分高兴，就打开镜子。忽见镜子里的人，于是不免惊恐万分，拱手说道：“我以为这是空匣子，什么东西都没有，不知道阁下在这个匣子中，请您千万不要见怪。”

凡夫俗子，也是这样。被无穷无尽的烦恼困扰，又受到掌握生死轮盘的魔王折磨，想逃离生死轮回的苦海而投身佛门，修行佛法，积累种种功德，正好比遇见了宝匣子一样。可是被幻象所迷惑，错误地以为所见是真实的自我，于是执著于自我而封闭了修行的道路，认为这才是真实的，便重新堕落于生死轮回中，丧失了所有功德，也失去了那些修行禅定的道行、断绝烦恼的善法和小中大三乘修持所得的佛果。如愚蠢之人放弃宝匣一样，那些执著于自我之人，下场也是如此。

［参考资料］

《杂譬喻经》卷下：昔有长者子新迎妇，甚相爱敬。夫语妇言：“卿入厨中取蒲桃酒来共饮之。”妇往开瓮，自见身影在此瓮中，谓更有女人，大恚，还语夫言：“汝自有妇藏著瓮中，复迎我为?”夫自入厨视之，开瓮见己身影，逆恚其妇，谓藏男子。二人更相忿恚，各自呼为实。有一梵志与长者子素情亲厚，过与相见，夫妇鬪，问其所由，复往视之，亦见身影，恚恨长者：“自有亲厚藏瓮中，而佯共鬪乎?”即便舍去。复有一比丘尼，长者所奉，闻其所诤如是，便往视瓮中，有比丘尼，亦恚舍去。须臾，有道人亦往视之，知为是影耳，喟然叹曰：“世人愚惑，以空为实也。”呼妇共入视之，道人曰：“吾当为

汝出瓮中人。”取一大石，打坏瓮，酒尽，了无所有。二人意解，知定身影，各怀惭愧。(《大正藏》第四册第五〇九页)

[评析]

佛教认为万事万物的形成和发展都是因缘和合而成，随着因缘散灭而完结，因此万物没有自性，即“性空”理论。同样依世俗的眼光看来作为主体的“我”也是无自性的，虚幻不实的，因此不应为之执著，不应为“我”的欲望束缚。佛教对“我”的否定不同于中国传统伦理出于义利选择而要求牺牲小我，实现“民胞物与”的主张。佛门强调法无我、人无我、人法俱空，只有破除了对“我”和现实世界的眷顾，才可能领悟世界的本质“空”，才可能领悟佛法的精髓。

36. 破五通[①]仙眼喻

昔有一人，入山学道，得五通仙，天眼彻视，能见地中一切伏藏[②]种种珍宝。国王闻之，心大欢喜，便语臣曰："云何得使此人常在我国，不馀处去，使我藏中得多珍宝？"有一愚臣，辄便往至[③]，挑仙人双眼，持来白王："臣以[④]挑眼，更不得去，常住是国。"王语臣言："所以贪得仙人住者，能见地中一切伏藏。汝今毁眼，何所复任？"

世间之人，亦复如是，见他头陀[⑤]苦行，山林旷野，冢间树下，修四意止[⑥]及不净观[⑦]，便强将来，于其家中，种种供养。毁他善法，使道果不成，丧其道眼，已失其利，空无所获。如彼愚臣，唐毁他目也。

［注释］

①五通：又作五神通，即天眼通（能见世间种种情形）、天耳通（能听世间种种声音）、神足通（能飞天遁地、变化自在）、他心通（能知人们心中之事）、宿命通（能知自己与他人命运）。②伏藏：指深深埋藏在地下的东西。③往至：到五通仙居住的地方去。④以：已经。⑤头陀：意即"抖擞"、"修治"等，指通过规范衣、食、住、行等行为，以去除尘垢烦恼的一切苦行修持方法。⑥四意止：又称为四念住、四念处。即以自相、共相、观身不净、观受是苦、观心无常、观法无我，分别对应净、乐、常、我四种颠倒的观法，是三十七道品之一类，通过勤奋修行以除去已生之恶，使未生之恶不再产生；对

已生之善发扬光大，对未生之善努力培养。⑦不净观：参见“治鞭疮喻”注。即以“观身不净”为中心的禅法，是传入中国最早、流传最广的禅观之一。

［译文］

以前有一个人进山修道，修炼成了具有五种超能力的神仙。他有能够洞察万物的“天眼”，可以看见深埋于地下的一切宝藏和各种珍宝。国王听说了之后，心中大喜，于是对群臣说：“怎样才能让这个人永远留在我们国家，不到别的地方去，让他为我的国库收罗更多的奇珍异宝?”有个愚蠢的大臣，便自告奋勇找到仙人，挑瞎了仙人的双眼，拿来见国王说：“微臣已经将仙人的眼睛挑瞎了，他就再也不能去其他地方了，一定会永远住在我国的。”国王对大臣说：“之所以希望仙人能长住在这里，是因为他能看见地下一切埋藏的宝藏。你现在毁了他的双眼，要他住在我国又有何用?”

世间之人，也是如此。看见头陀在山林、旷野、墓地、树下苦苦修行，修习四念处和不净观，于是硬是把头陀请到家里，给予各种锦衣玉食供养他。这样就破坏了他的修习所得，致使他难以达到涅槃境界。毁掉了智慧的双眼，失去了苦行所得的意义，结果一无所获。正如那个愚蠢的大臣，荒唐地毁掉了仙人的双眼一样。

［评析］

尘世的利益和欲望是令慧眼茫然的障道因缘。修行得道之人，最重要的就是破除了尘世的现实欲望，可现实里的人居然还想利用他们来谋取利益，这就违背了佛教修行的原意，不仅破坏了得道之人澄明的境界，而且也令自己更加陷于万劫不复之境地。

37. 杀群牛喻

昔有一人，有二百五十头牛，常驱逐水草，随时喂食。时有一虎，啖食[①]一牛。尔时牛主即作念言："已失一牛，俱不全足，用是牛为[②]？"即便驱至深坑高岸，排著坑底[③]，尽皆杀之。

凡夫愚人，亦复如是。受持如来具足之戒[④]，若犯一戒，不生惭愧，清净忏悔[⑤]，便作念言："我已破一戒，既不具足，何用持为？"一切都破，无一在者。如彼愚人，尽杀群牛，无一在者。

［注释］

①啖（dàn）食：啖，吃。②为：疑问语气词，表示"干什么呢？"③排著坑底：指列成一排，一个个推至坑底。④具足之戒：指佛教徒所遵守的全部戒条，其中比丘有二百五十条。⑤忏悔：佛教规定，出家人每半个月举行一次诵戒，给犯错者以坦白悔过的机会。

［译文］

从前有个人拥有二百五十头牛，经常把牛群赶到河边水草茂盛的地方，以便随时喂养。这时有只老虎，吃掉了其中一头牛。牛的主人便想："我已经失去了一头牛，也凑不成整数了，那还要这些干什么呢？"于是他把牛群赶到深坑的岸边，一头一头把牛推下深谷，全部坑杀了。

凡夫俗人，也是这样。已经领受了佛门的具足戒，如果违反了一条戒律，没有产生惭愧之情，脱掉恶行的污染，真诚忏悔自己的过错，而是反倒这样想：“我已经破坏了一条戒律，既然已经不能完全遵守戒律了，为何还要坚持呢?”干脆破坏所有的戒律，无一保留。正如那个愚蠢的人，损失了一头牛就杀死所有的牛，无一存留。

[评析]

佛教对不同信奉者在戒律方面有不同要求。在家信徒一般应奉持的“三皈五戒”，即皈依佛、法、僧以及戒除杀生、偷盗、邪淫、妄语、饮酒。正式出家的教徒要遵守所谓“具足戒”。根据《四分律》等佛典，比丘的具足戒有二百五十条，比丘尼的具足戒有三百四十八条。除此以外，佛教的律藏中还常记述有关受戒、布萨、安居等的具体实施方法。僧团内日常生活中的一些规定及对违戒现象的处罚等，称为“犍度”。其中“布萨”即指佛教举行的说戒、忏悔或斋戒的聚会。佛教戒律细致繁多，但可以通过忏悔和受罚来弥补犯戒的过失，而不能像故事所说的那样，犯了一条戒就自暴自弃，放弃修行。

38. 饮木筒水喻

昔有一人，行来渴乏，见木筒中有清净流水，就[①]而饮之。饮水已足，即便举手语木筒言："我已饮竟[②]，水莫复来。"虽作是语，水流如故。便瞋恚言："我已饮竟，语汝莫来，何以故来？"有人见之，言："汝大愚痴，无有智慧。汝何以不去，语言莫来。"即为挽却[③]，牵馀处去。

世间之人，亦复如是。为生死渴爱[④]，饮五欲咸水[⑤]。既为五欲之所疲厌，如彼饮足，便作是言："汝色声香味，莫复更来使我见也。"然此五欲相续不断。既见之已，便复瞋恚："语汝速灭，莫复更生，何以故来，使我见之？"时有智人而语之言："汝欲得离者，当摄汝六情[⑥]，闭其心意，妄想不生，便得解脱。何必不见，欲使不生？"如彼饮水愚人，等无有异。

［注释］

①就：靠近、接近。②竟：完。③挽却：拉走。④渴爱：指世人对欲望的渴求。⑤五欲咸水：五欲，指色欲、声欲、香欲、味欲、触欲，因为佛教认为人们欲壑难填、永不知足，就像喝咸水一样越喝越渴，永无止境。⑥摄汝六情：六情，又称六根，即通过眼、耳、鼻、舌、身、意而产生的感觉和思想意识。摄，统摄、震慑。

［译文］

从前有个人，走路时又累又渴，看见木筒之中流着干净的泉水，于是就着筒喝起来。水喝饱了之后，就举起双手，对木筒说："我已经喝完了，水你就不要再流出来了。"即使说了这样的话，筒中的水仍然流动如旧。这人于是愤怒道："我已经喝完了，告诉你不要再来了，你怎么还是流个不停?"有人看见这种情况，说："你真是个大愚之人，一点智慧都没有。你怎么不离开，反而叫水不要再来呢?"那人马上把他拉走了，带到别的地方去了。

世上的人也是这样。只为了渴求人生的各种欲望，好像喝色、香、声、味、触这五种咸水一样永难知足，对五欲既然产生厌倦之后，就像喝水喝够了一样，这样说道："你这些色、香、声、味、触，都不要再来烦扰我，不要再让我看见你们了!"可是这五种欲望，仍是持续不断地出现。又遇见之后，就恼怒道："你们赶快消失，不要再产生，为何还要再出现，又让我见到呢?"这时有智人对他说："你想脱离五欲的干扰，应该收摄管束你的眼、耳、鼻、舌、身、意六根，清心寡欲，断绝各种贪念，便可以得到解脱。为什么为了不遇见诱惑，而想使他们不产生呢?"正如那个喝水的愚人满足之后又不想见到水一样，没有什么区别。

［评析］

外在的利诱通过内在的起心动念起作用。这则故事启示人们，之所以会产生源源不断的欲望，其主要原因不在于外在的诱惑，而在于自心无法收摄，从而受到了利欲的干扰。因此佛教要求人们，收敛心神，使正念不断、欲念不生，做到自行清净，扫离欲障。

39. 见他人涂舍喻

昔有一人，往至他舍。见他屋舍，墙壁涂治[①]，其地平正，清净甚好，便问之言："用何涂壁，得如是好？"主人答言："用稻谷㮝[②]水浸令熟[③]，和泥涂壁，故得如是。"愚人即便而作念言："若纯以稻，不如合稻而用作之，壁可白净，泥治平好。"便用稻谷和泥，用涂其壁，望得平正，反更高下[④]，壁都坼裂，虚弃稻谷，都无利益。不如惠施，可得功德。

凡夫之人，亦复如是。闻圣人说法，修行诸善，舍此身已，可得生天及以解脱，便自杀身，望得生天及以解脱。徒自虚丧，空无所获，如彼愚人。

［注释］

①涂治：指涂抹得光滑平整。②㮝（yì）：指碎麦谷或稻谷。③令熟：这里指使碎稻谷泡软了。④高下：指高下凹凸不平。

［译文］

从前有一个人到别人的家中，看见那人家中的屋里墙壁涂抹得非常光滑，地面也很是平整，清静美观，于是问道："你和了什么涂料，怎么能把墙壁涂得这么好？"主人回答道："我是把碾碎的稻谷浸在水中，直到让它浸透、软了，再和上泥涂在墙上，所以能这样好。"愚人于是这样想道："如果纯粹用碾碎的稻子，还不如将稻谷和上泥来涂在墙壁上，墙壁岂不会更加白净，泥也会抹上去更平整吧。”于是他用稻谷和上泥，涂在他家墙壁上，希望能使墙壁平整光洁。可是却反倒更加高低不平，墙壁还都裂开了。又白白浪费了稻谷，一点好处都没有得到。还不如把稻谷拿去施舍给穷人，还能积一些功德。

凡夫俗子，也是这样。听到高僧大德传道说法，宣称修行积累种种善业，到了生命终结之时，便可以升入天界的清静之地，可以获得解脱。于是就自己残杀了身体，希望能够升入天界得到解脱。不过是白白断送了自己的性命，到头来一无所获，就像故事中的愚人一样。

[评析]

佛教引导人从现实苦痛中解脱，并不是要人抛弃自己的现实生命，以为一死就可以登上极乐。相反佛教认为现实的躯体是前世修行的结果，认为人身难得，佛法难闻，对生命的珍惜和热爱同样是修行的一部分。因此佛教反对肆意破坏身躯的苦行，反对盲目轻生的念头，主张要真正洞悉领悟佛教教义的旨要，避免偏颇的言行，以正信的智慧提升生命的质量。

40. 治秃喻

昔有一人，头上无毛，冬则大寒，夏则患热，兼为蚊虻之所唼食[①]，昼夜受恼，甚以为苦。有一医师，多诸方术。时彼秃人往至其所，语其医言："唯愿大师为我治之。"时彼医师亦复头秃，即便脱帽示之，而语之言："我亦患之，以为痛苦。若令我治能得差[②]者，应先自治，以除其患。"

世间之人，亦复如是。为生老病死之所侵恼，欲求长生不老之处，闻有沙门、婆罗门等世之良医善疗众患，便往其所而语之言："唯愿为我除此无常[③]生死之患，常处安乐，长存不变。"时婆罗门等即便报言："我亦患此无常生老病死，种种求觅长存之处，终不能得。今我若能使汝得者，我亦应先自得，令汝亦得。"如彼患秃之人，徒自疲劳，不能得差。

［注释］

①唼（shà）食：唼，水鸟、鱼等吃食称为"唼"，本文指被蚊虻之类叮咬。②差（chài）：通"瘥"，指痊愈。③无常：佛教认为世间一切事物皆忽生忽灭、迁流不住。绝对的变化称之为"刹那无常"；相对的持续称之为"相续无常"，以后亦以"无常"特指死亡。

［译文］

以前有一个人头上不长头发，冬天就非常怕冷，夏天又非常怕热，加上被许多蚊虫叮咬，日日夜夜都不得安宁，苦恼不已。有个医生会治许多病。这时那个秃头之人，就到医生的住所，对医生说：“只希望大师您能治好我的秃头病。”而那个医生也是秃头，于是脱下帽子给那人看，并且对他说：“我也得了这个病，觉得很痛苦。如果我能治好这病，应该先把自己治好，解除痛苦。”

世界上的人，也是如此。被生、老、病、死的烦恼折磨，想追求长生不死的方法，听说婆罗门教的修行者中有能够济世的良医，善于疗治世间众人遭受到的种种人生苦痛，就到他们那里说道：“希望替我们解除这些人生无常的忧患之苦，能够永远享受安详快乐，永远不会改变。”这时婆罗门修行者，回答道：“我们也同样受到人生无常、生老病死的折磨，想尽方法追求寻觅能够得到永恒快乐的途径，却始终没有办法办到。如果我现在能使你们得到这种永恒快乐，我自己应该先得到，然后使你也得到。”正如那个患秃头病的人去找秃头医生治病一样，只是自己徒增烦恼，根本治不好疾病。

[评析]

这则故事的比喻指出了一般人经常有的梦想，即希望找到长生不死的方法，得到永恒的快乐。中国古代方士炼丹、道士追求成仙都是这种思想观念的折射。但在佛教看来，这不过是对现实眷顾的反映，并不存在这样一种能使人长生不死、摆脱烦恼的方法，就连婆罗门教也无法做到。真正能从苦海中解脱的唯有抛弃欲望，平常地接受生、老、病、死，这方才是对待人生的智慧态度。这则比喻还启发人们，相信那些本身就无法解除烦恼，无法自医的外道，只会徒增烦恼。

41. 毗舍阇鬼[①]喻

昔有二毗舍阇鬼，共有一箧、一杖、一屐。二鬼共诤[②]，各各欲得。二鬼纷纭[③]竟日，不能使平。时有一人来见之已，而问之言："此箧、杖、屐有何奇异，汝等共诤，瞋恚乃尔[④]？"二鬼答言："我此箧者，能出[⑤]一切，衣服、饮食、床褥、卧具资生之物[⑥]尽从中出；执此杖者，怨敌归服，无敢与诤；著此屐者，能令人飞行无罣碍[⑦]。"此人闻已，即语鬼言："汝等小远，我当为尔平等分之。"鬼闻其语，寻即远避。此人即时抱箧、捉杖、蹑[⑧]屐而飞。二鬼愕然，竟无所得。人语鬼言："尔等所诤，我已得去。今使尔等，更无所诤。"

毗舍阇者，喻于众魔及以外道；布施如箧，人天五道[⑨]资用之具皆从中出；禅定如杖，消伏魔怨烦恼之贼；持戒如屐，必升人天；诸魔外道诤箧者，喻于有漏[⑩]中强求果报[⑪]，空无所得。若能修行善行及以布施、持戒、禅定，便得离苦，获得道果。

［注释］

①毗舍阇（shé）鬼：即饿鬼，又叫作精鬼，吸尽人以及五谷的精气，也译为癫狂鬼。②诤：争吵。③纷纭：指争吵、纠缠不清。④乃尔：乃至到如此程度。⑤出：生出、变出。⑥资生之物：指用来生活的东西、生活用品。⑦罣（guà）碍：罣，同"挂"。碍，即妨碍。⑧蹑（niè）：踩。⑨人天五道：人

天，指人间、天上两种脱离欲界，进入超乎世俗的食、淫二欲的十七种天的境界，为佛教三界之一。五道，即五趣，佛教用以指众生根据自己的善恶行为现在所处的和死后将处的五种轮回转生的趋向、归趣，即地狱、饿鬼、畜生、人、天。⑩有漏：有烦恼的意思。所谓漏是流出来，所漏之物是来自六根之中的烦恼，指染污、不完满的存在，一般而言还指代这个迷妄的现象世界。⑪果报：指相应于作为原因的业而获得的结果。过去的善业能招来乐果，而恶业则会导致苦果。这种报应的结果又并非一定是现实的，今生造业、今生所受的报应称为现报，今生造业、来生所受的报应称为后报。

［译文］

从前有两个饿鬼，共同拥有一个宝匣、一根手杖、一双木鞋。两个鬼相互争抢，各自都想独占这三样东西。他们争执不下，纠缠了一整天仍然无法平分。这时有一个人经过见此情景就问他们："这个匣子、手杖、木屐究竟有什么奇特的地方吗？你们俩争执得如此难解难分，怒气冲天到这种地步？"两个鬼回答道："我们这个宝匣，可以变出所有的衣服、饮食、床褥、卧具，这些生活用品都能从里面变出来；拿着这根手杖，所有的仇家敌人都能归顺服从，没有人再敢抗争；穿上这双木屐，可以使人自由飞行畅通无阻。"这个人听了，便对鬼说："你们稍微离我远点，我来帮你们将这三件宝物平分。"两鬼听了他的话，一下子就走得远远的。这人于是立即抱着宝匣，抓住手杖，脚蹬木屐飞走了。两个鬼大为惊愕，最后什么都没有了。那人在空中对两鬼说："你们两个所争执的东西，我已经拿去了。现在便令你们再没有争夺的东西了。"

饿鬼可以喻为那些修行邪门歪道的人。布施可比作宝匣，地狱、饿鬼、畜生、人、天这五种境界所需要的一切生活用品，全都可以从中产生；禅定则好比是手杖，可以消灭降伏所有的心魔、怨气、烦恼；持守戒律犹如踏上木屐，必然可以升入超越世俗的清净境界。各种邪魔外道互相争夺的宝匣，比喻不能摆脱烦恼欲望，又强求善果好报之人，最后只会一无所得。如果能修行各种有利于他人的善行，以及通过布施、持戒、禅定等各种途径，便能摆脱人生苦恼，得以达到清净的境界。

[评析]

“尔等所诤，我已得去。今使尔等，更无所诤。”这句话非常鲜明地指出了人们通常会被外物所羁绊，引发烦恼和争执，而去除烦恼的根本途径就是断灭外物的诱惑，断灭欲望的执著。当然，故事中的“此人”获得宝物的手段似乎有些计谋的痕迹，真正要从烦恼中解脱不能只依靠外力，而必须从内在修行入手。内修善业，外结善缘，方有福果。

42. 估客驼死喻

譬如估客游行商贾[①]，会于路中[②]而驼卒死。驼上所载多有珍宝细软[③]上氎[④]种种杂物。驼既死已，即剥其皮。商主舍行[⑤]，坐[⑥]二弟子而语之言："好看驼皮，莫使湿烂。"其后天雨，二人顽痴[⑦]，尽以好氎覆此皮上，氎尽烂坏。皮、氎之价，理自悬殊。以愚痴故，以覆皮。

世间之人，亦复如是。其不杀[⑧]者，喻于白氎；其驼皮者，即喻财货；天雨湿烂，喻于放逸败坏善行。不杀戒者，即佛法身[⑨]最上妙因[⑩]，然不能修，但以财货造诸塔庙供养众僧，舍根取末，不求其本，漂浪五道，莫能自出。是故行者[⑪]应当精心持不杀戒。

[注释]

①游行商贾：指游历各地去做买卖。②会于路中：会，恰好。这里指恰好在路上③细软：指珠宝、绸帛等较轻但贵重的物品。④上氎（dié）：上等的细棉布。⑤舍行：指丢下东西自己先走。⑥坐：留驻、留守，这里是使动用法，命令……留守。⑦顽痴：愚蠢又顽皮。⑧不杀：指不杀戒，佛教重要戒律，不杀生与不偷盗、不邪淫、不妄语、不饮酒合称为"五戒"，是佛教在家男女教徒受戒后终身应遵守的戒条。⑨法身：即法性身。佛的法身，满十方虚空，无量无边，无量光明，无量音声。常呈现种种身相、种种名号、种种生

死、种种方便，救度众生。⑩妙因：绝妙的行因，是菩萨之大行，指圆满的境界。⑪行者：泛指佛教修行者，亦称“行人”。禅宗则用以专指行脚参禅或乞食者。

[译文]

有一位商人，四处游历做买卖。恰巧途中，他的骆驼突然死了。骆驼上负载的大多是一些珍宝、细软、上等棉布等各类杂物。骆驼已经死了，于是他就剥下骆驼的皮。商人丢下货物自己先走，命两位弟子留守并吩咐道：“你们好好照看驼皮，不要让它被淋湿腐烂。”他走了之后天降大雨，两个弟子非常愚钝顽劣，把上好的棉布盖在驼皮上，结果上等棉布全部都损坏了。驼皮与上等棉布的价格，自然相差甚远。因为痴笨愚昧的缘故，而用棉布来盖住驼皮。

世间之人，也是如此。不杀生的善行，就好比是雪白的上等棉布；廉价的驼皮就比喻为财物；天降大雨引起腐烂就好比放纵自己贪欲而败坏了善行。不杀生的戒律，是修得佛的法身的最为绝妙的途径。然而那些不能信守修行，只以财物来修庙建塔，为寺中众僧提供奉养，舍去根本而抓住末节的做法，是没有掌握佛法的本质。这样只能漂流浪迹于地狱、饿鬼、畜生、人、天五道之中，不能达到超脱自在的境界。因此佛门中的修行者，应该专心于信守奉持不杀生的戒条。

[评析]

如果不看第二层次的比喻说明，这则故事的原意旨在说明凡事不能舍重就轻、本末倒置。这个道理虽然明白易懂，但在现实生活中却经常有类似“捡了芝麻，丢了西瓜”的事情发生。究其原因，是因为人们主观上总希望得到十全十美，因而不能恰当地分清主次，不能在适当的时机学会放弃。在佛家看来，没有什么比修行以逃离生死轮回更为重要的，如此，现实的物质利益也就不难抛下了，不可能以财物的供养布施取代奉戒修行了。

43. 磨大石喻

譬如有人，磨一大石，勤加功力，经历日月，作小戏牛[①]。用功既重，所期[②]甚轻。

世间之人，亦复如是。磨大石者，喻于学问，精勤劳苦；作小牛者，喻于名闻，互相是非。夫为学者，研思精微，博通多识，宜应履行，远求胜果。方求[③]名誉，骄慢贡高[④]，增长过患[⑤]。

[注释]

①小戏牛：一个精小的玩具小牛。②所期：所期望得到的东西。③方求：想方设法地追求。④贡高：指自视其高。⑤过患：过失、祸患。

[译文]

有一个人要磨一块大石头，他非常勤奋，花费了许多力气，经年累月，只是为了磨制成一个玩具小牛。用的功力非常大，可是所期望得到的很是轻微。

世间的人，也都这样。磨大石块，比喻做学问付出艰辛和勤奋；制成小牛，比喻追求名声，互相争论是非。做学问是要研究思索精微的道理，博览通晓各种知识，理应脚踏实地一步步践行，追求优异的成果。如果想方设法地追求名誉，骄傲无理地自视清高，只会增加过失和祸患。

[评析]

这里是启示人们要珍惜时间，用有限的时间去做更加有意义的事情。作者无意贬低磨大石者的宏愿，但不满于将这一腔心血倾注于微不足道的小事。而世间一切名利相比于变俗求志、悟道解脱，都是这种微不足道的小事。

44. 欲食半饼喻

譬如有人，因其饥故，食七枚煎饼。食六枚半已，便得饱满。其人恚悔，以手自打，而作是言："我今饱足，由此半饼。然前六饼，唐自捐弃[①]，设知半饼能充足者，应先食之。"

世间之人，亦复如是。从本以来，常无有乐，然其痴倒[②]，横生乐想。如彼痴人，于半番饼生于饱想。世人无知，以富贵为乐。夫富贵者，求时甚苦；既获得已，守护亦苦；后还失之，忧念复苦；于三时[③]中，都无有乐。犹如衣食，遮故名乐；于辛苦中，横生乐想。诸佛说言："三界无安[④]，皆是大苦。凡夫倒惑，横生乐想。"

［注释］

①捐弃：浪费、白费。②痴倒：痴迷颠倒。③三时：印度分一昼夜为六时，即昼三时：晨朝、日中、日没；夜三时：初夜、中夜、后夜。这里当是总结上文，指求时，获时、失时。④三界无安：三界，即佛教把世俗世界分为欲、色、无色三界。佛教认为三界都处于迷幻之中，在轮回中不能脱离苦海，得不到什么安乐。

［译文］

有个人因为很饥饿的缘故，吃了七块煎饼。吃到六块半的时候，便已经觉得很饱了。这个人十分恼恨后悔，用手打自己说：

"我现在吃得很饱，就是因为这半块饼。可是前面那六块饼，就这么白白浪费了。倘若早就知道这半块饼就能吃饱了，应该先吃它的。"

世界上的芸芸众生，也往往如此。从本质来说，世上根本没有常驻的快乐，然而世人痴迷颠倒，凭空臆想快乐。正如那个痴愚的人，对着半块煎饼就产生了饱的想法。世人没有智慧，以富贵作为快乐。富贵这个东西，追求的时候已十分痛苦；等已经获得的时候，要守护富贵也很痛苦；而后失去了，又对其忧伤愁思更加痛苦。这样一天到晚，每时每刻都没有快乐可言。好像衣食，丰衣足食了，就叫作快乐。其实一衣一食都来之不易，只是在辛苦中，硬是生起了快乐的想法。所以诸佛菩萨都说道："欲界、色界、无色界这三界皆没有超脱苦海得到安乐，都要经历极大的痛苦，一般的常人受到迷惑颠倒，才会毫无根据地认为拥有财富就是快乐。"

[评析]

这个故事是启示人们要有整体性的视角，不能只看结果，而抹杀过程的整体性。作者进一步引申说明现实的富裕虽然是快乐美好的，但在过程中追求的痛苦、患得患失的痛苦，种种痛苦缠绕着，其实这种富裕并不是真正的快乐，不应为之迷失方向。

45. 奴守门喻

譬如有人将欲远行，敕其奴言："尔好守门，并看驴索。"其主行后，时邻里家有作乐者，此奴欲听，不能自安，寻[①]以索系门置于驴上，负至戏处，听其作乐。奴去之后，舍中财物贼尽持去。大家[②]行还，问其奴言："财物所在？"奴便答言："大家先付[③]门、驴及索，自是以外，非奴所知。"大家复言："留尔守门，正为财物。财物既失，用于门为？"

生死愚人，为爱奴仆，亦复如此。如来教诫，常护根门[④]，莫著六尘[⑤]，守无明[⑥]驴，看于爱索。而诸比丘不奉佛教，贪求利养；诈现清白，静处而坐；心意流驰，贪著五欲，为色声香味之所惑乱。无明覆心，爱索缠缚，正念[⑦]、觉意[⑧]、道品、财宝悉皆散失。

[注释]

①寻：随即。②大家：这里指主人。③先付：原先吩咐。④根门：佛家认为眼、耳、鼻、舌、身、意等六根是种种烦恼漏出的门路，也是摄入种种对象的门路，故称为"根门"。因此佛教认为要"善关闭根门"，以此杜绝外界与世俗的影响。⑤六尘：指眼、耳、鼻、舌、身、意所对应的色、声、香、味、触、法"六境"，佛教认为此六境能染污心性、障碍正智，故名为"六尘"。⑥无明：佛教名词，指世界与生命的最原始状态，是十二因缘的第一

支。人生的生老病死等一切痛苦，均由无明而来，现实的人生、世界，均由无明所决定、驱使。人生就现实而言充满种种迷惘执著，这些都是无明的表现，故而有无尽的苦痛烦恼。⑦正念：指能专心忆念佛法。⑧觉意：觉，正觉，指佛陀的真正智慧，对一切佛理透彻证悟。意，正意，指心正无邪。觉意，指追求无上菩提之心。

［译文］

曾经有个人，想要出门远行，吩咐他的家奴说："你好好替我守门，并且要用绳子把驴子拴好。"主人走了之后，正好邻居家里有人在演奏乐曲，这个家奴很想去听，坐立不安，于是他随即用绳子系在拆下的门板上，放在驴背上，一起驮到演奏乐曲的地方，听起乐曲来。家奴离开之后，家中值钱的东西，全都被盗贼洗劫一空。主人远行回来，质问那个家奴道："财宝都到哪儿去了？"家奴答道："主人您原先吩咐我照看大门、驴子以及绳索，除了这些以外，我就不知道了。"主人又说："之所以留你守大门，就是为了保住那些财宝，财物现在全都丢失了，只留着门又有何用呢？"

在生与死之中轮回挣扎的愚人们，之所以成为爱欲的奴仆，道理也是如此。佛祖如来教导告诫，应该常常守护住会产生烦恼的六根之门，不要被色、声、香、味、触、法这六尘所侵扰，看守好惹起烦恼的笨驴，不要让其被爱欲的绳索牵着任意游走。可是有些比丘不能遵奉佛教的训诫，对利益和供养贪慕苛求，表面装作清白无染污的样子，安闲地坐禅而内心却心猿意马，流荡奔驰，沉溺于五欲，被色、声、香、味等迷惑乱了心智。烦恼侵占淹没了整个清净的心，爱欲的绳索缚住了整个身体无法解脱，使皈依佛门时的纯正信念、平静心意、悟道智慧和道行，全都丧失了。

［评析］

"不求甚解"无论是在日常生活中还是在佛法修行中同样有很大危害。现实生活中的"不求甚解"，使得人总是停留在事物认识的表面，不加思考，机械地照搬照套，如故事中的仆人以为"守门"只是守住门这样实体的东西，而不明白“守门”的实质是要守住其里面的财物。同样，如果只停留于佛教教义的表面，于其深旨并无理解，那只能是“小和尚念经，有口无心”。作者巧妙地以“大门”比喻“六根心门”，告诫佛教徒静坐修行并不意在形式，而要护住自己的心不被外物（欲望）烦扰侵袭。

46. 偷犛牛[①]喻

譬如一村，共偷犛牛而共食之。其失牛者逐迹至村，唤此村人问其由状[②]而语之言："在尔此村不？"偷者对曰："我实无村。"又问："尔村中有池，在此池边共食牛不？"答言："无池。"又问："池傍有树不？"对言："无树。"又问："偷牛之时，在尔村东不？"对曰："无东。"又问："当尔偷牛非日中时耶？"对曰："无中。"又问："纵可无村及以无树，何有天下无东、无时？知尔妄语，都不可信。尔偷牛食不？"对曰："实食。"

破戒之人，亦复如是。覆藏罪过，不肯发露[③]，死入地狱。诸天善神[④]以天眼观，不得覆藏，如彼食牛，不得欺拒。

[注释]

①犛（máo）牛：牛的一种，毛长、腿短，又称为牦牛。②由状：缘由、情况。③发露：坦白、揭露。④诸天善神：佛教认为欲界、色界、无色界各有六天，共十八天；另有日、月、韦驮天，各界天都具有天眼通的道行，具有能洞察被人所掩盖的事物真相的能力。

[译文]

有一个村子的人，联合起来偷了一头牦牛，并且又一起分着吃了。那个丢失了牛的人循着足迹到了这个村子，叫住了一个村民打听情况，向他问道：“牛在这个村子吗?”偷牛的村民答道：“我们这里实际上并没有什么村子。”那人又问道：“你们村里有个池塘，是在那个池塘边一起把牛给吃了吗?”村民答道：“这里没有池塘。”那人又问：“池边有棵树吗?”村民答曰：“没有树啊。”那人又问：“你们偷牛的时候，是不是在村子的东边?”村民回答说：“没有东边。”又问：“你们偷牛的时候是不是在正午呢?”回答说：“没有正午。”又问道：“就算可以没有村子，也可以没有树，天下怎么可能没有东边没有正午呢？我已经断定你们都在说谎，完全不可相信，你们究竟有没有偷牛吃?”村民这才回答道：“其实是分着吃了。”

破坏佛教戒律的人，也是这样。他们把罪过掩藏起来，不肯揭露忏悔，死后将堕入地狱。各界天的神仙修行有道，能够用天眼透视真相，掩藏是没有用的，正如那些村民把偷来的牛吃了，最后也无法欺骗抵赖。

[评析]

这则寓言对世人有教化警示的意义，告诫人们行恶都最终会暴露，强词夺理只会欲盖弥彰，同时也告诫佛教徒万一有犯戒的行为，与其想方设法隐藏，不如虔心忏悔。

47. 贫人能作鸳鸯鸣喻

昔外国法，节庆之日[①]，一切妇女尽持优钵罗花[②]，以为鬘饰[③]。

有一贫人，其妇语言："尔若能得优钵罗花来用与我，为尔作妻；若不能得，我舍尔去。"其夫先来常善能作鸳鸯之鸣，即入王池，作鸳鸯鸣，偷优钵罗花。时守池者而作是问："池中者谁？"而此贫人失口答言："我是鸳鸯。"守者捉得，将诣王所，而于中道复更和声作鸳鸯鸣。守池者言："尔先不作，今作何益？"

世间愚人，亦复如是。终身残害，作众恶业[④]，不习[⑤]心行[⑥]，使令调善，临命终时，方言："今我欲得修善。"狱卒将去，付阎罗王。虽欲修善，亦无所及已。如彼愚人，欲到王所，作鸳鸯鸣。

［注释］

①昔外国法，节庆之日：《丽藏》本作"昔外国节，法庆之日"，这里根据意思，据宋、元、明三藏改之。此句表示根据外国的习俗，在逢佳节欢庆之日。②优钵罗花：即青莲花，叶子狭长，近下处稍圆，向上渐渐尖起来，形状很像佛眼。③鬘（mán）饰：指将花朵串起来，作为装饰佩戴在头上或身上。④恶业：即在身、口、意三者上违背佛理的事情。⑤习：调节。⑥心行：心是

念念迁流不已的，或念善、或念恶，故而称之为心行。

[译文]

从前外国有种习俗，每逢佳节庆贺之日，所有的妇女都要用优钵罗花作为发饰戴在头上。

有一个穷人，他妻子对他说："你如果能够找来优钵罗花作为发饰，我就做你的妻子，如果你办不到，我就离开你。"她丈夫以前很擅长模仿鸳鸯的叫声。于是他潜入国王的池塘，一边模仿鸳鸯的叫声，一边偷着摘取优钵罗花。这时看守池塘的人问道："池塘里的是什么人？"这个穷人失口答道："我是鸳鸯。"守卫把他抓住，押去见国王。这人在途中还不停学鸳鸯叫。守卫池塘的人说："你刚才不学鸳鸯叫，现在学叫又有什么用呢？"

世间之愚蠢的人，也都是这样。一辈子做了许多残害他人的事，干了各种违背佛法教义的行为，不调节心性，使其向善，到了生命将要终结的时候才说："我现在想要修行成善。"这时已在鬼差押送他去交给阎罗王裁决的路上，即使想修习善行，也已经来不及了。就像那个愚人，快被押到国王那儿了，才来拼命学鸳鸯的叫声，已经太迟了。

[评析]

穷人学鸳鸯叫去国王池塘偷花来给妻子，本是无可奈何的选择，为生活所迫铤而走险是值得同情的事，但是他已被俘获还一路学鸳鸯叫是无用的。这告诉人们，虽说"亡羊补牢，未为晚也"，但是有的时候时机错过就无法挽回了。佛教劝导世人应及早修行向善、累积功德。

48. 野干[1]为折树枝所打喻

譬如野干，在于树下。风吹枝折，堕其脊上。即便闭目，不欲看树，舍弃而走，到于露地[2]，乃至日暮，亦不肯来。遥见风吹大树，枝柯[3]动摇上下，便言“唤我”，寻来树下。

愚痴弟子，亦复如是。已得出家，得近师长，以小呵责，即便逃走。复于后时遇恶知识，恼乱不已，方还师所[4]。如是去来，是为愚惑。

[注释]

①野干：果子狸，一种兽的名称，又名“射干”。形状似狐而略小，皮色青黄，如狗群行，夜鸣如狼。禅宗用“野干鸣”喻指未曾悟道者胡言乱语，欺诳他人。②露地：空旷处。③枝柯：树枝。④方还师所：方才回到之前离开的（高僧）那里。

[译文]

有一只果子狸栖息在大树下面。一阵风吹过，吹断了树枝，掉在它的背上。于是它吓得紧闭双眼，不想再看见树，干脆离开树跑开，一直跑到空旷的地方。它一直待到太阳落山，也不肯回到树下来。远远地见到风吹动大树，树枝上下摇摆，便说道：“这是在召唤我啊！”于是它又回到树下。

愚笨痴钝的佛家信徒，也是这样。已经得以出家修行，得以亲近高僧，只因为小小的呵斥和责备，便逃走了。再到后来，被愚蠢、烦恼纠缠不清，混乱不堪，才回到高僧这里来。这样离开了又回来，正是被愚笨迷惑的缘故。

[评析]

佛教修行需持之以恒，不可因小挫折而轻言放弃。

49. 小儿争分别毛喻

譬如昔日有二小儿入河遨戏，于此水底得一把毛。一小儿言：“此是仙须[①]。”一小儿言：“此是罴毛。”尔时河边有一仙人，此二小儿诤之不已，诣彼仙所，决其所疑。而彼仙人寻即取米及胡麻子，口中含嚼，吐著掌中，语小儿言：“我掌中者似孔雀屎[②]。”而此仙人不答他问，人皆知之。

世间愚人亦复如是，说法之时，戏论[③]诸法，不答正理[④]，如彼仙人不答所问，为一切人之所嗤笑。浮漫虚说，亦复如是。

[注释]

①仙须：仙人的胡须。②孔雀屎：比喻答非所问，犹如问天而答地。后来用此词比喻浮漫虚说或问答乖违。③戏论：轻率随意地议论、评论。④正理：从正面解释佛教义理。

[译文]

从前，有两个小孩子，下河去嬉戏游玩，他们在这条河的水底，捡到一把毛。其中一个小孩说：“这是仙人的胡须。”另一个小孩说：“这是棕熊的毛。”那时河边住着一位得道成仙之人。这两个孩子争执不下，就到了那个仙人住的地方，请他来解开这个疑团。那个仙人立即取来米和胡麻子，放进口中咀嚼一番，吐在手掌里，对小孩说：“我手掌里的东西好像是孔雀屎。”这位仙人不直接回答孩子们的问题，人们都知道是何缘故。

世间的愚蠢之人，也都是这样。在讲解佛法义理的时候，对佛法义理随意轻率地讲解，而不正面传授。就像那位仙人，不正面回答小孩的提问，被所有人嗤笑。那些浮夸虚妄不着边际的说教，同样是如此。

[评析]

这则故事表明佛教对经义解释的态度，即务必做到精辟入微，佛教注重思辨，就是要力求对所有主张都透彻地、明晰地把握。初入佛门之人犹如不懂世事的小孩，他们多疑多问是正常的，但如果含糊其辞、故作高深，便不能对信受奉行提供明确指导，甚至令他们误入歧途，不利于修行。

50. 医治脊偻喻

譬如有人，卒[①]患脊偻[②]，请医疗治。医以酥涂[③]，上下著板[④]，用力痛压，不觉双目一时并出。

世间愚人亦复如是。为修福故，治生[⑤]估贩，作诸非法[⑥]，其事虽成，利不补害。将来之世，入于地狱，喻双目出。

［注释］

①卒（cù）：同“猝”，突然、出乎意料。②脊偻（lǚ）：伛偻病，驼背。③酥涂：酥，指酥油，是从牛奶或羊奶内提炼出来的脂肪。酥涂，以酥油涂抹。④著板：用木板夹住。⑤治生：谋生计，经营家业。⑥非法：这里指违反佛的教义的行为。

［译文］

譬如有一个人，突然得了伛偻病，于是请医生为他治疗。医生在他身上涂上酥油，用木板上下把他夹住，用力挤压，病人疼痛难忍，竟然两只眼珠都被挤了出来。

世间上的愚人也是这样。为求得一时之福利，在经营家业、经商贩卖中，做了许多违背佛法教义的事情，虽然表面上得到了福利，但却得不偿失。因为杀生的罪恶导致来世轮回入了地狱，所受的痛苦正像双目迸出一般。

［评析］

“因果报应”和“业报轮回”是佛教基本理论。善业招致善果，恶业招致恶果，今生和来世的境遇，乃自作自受。

这则寓言也启示我们应该顾及长远利益，不能只求眼前利益。如现代社会中的人们为了经济利益，乱砍滥伐，涸泽而渔，破坏了人类美好的生态家园，给子孙后代的生存造成了极大的威胁。

51. 五人买婢共使作喻

譬如五人共买一婢，其中一人语此婢言："与我浣衣[①]。"又有一人复语浣衣。婢语次者："先与其浣。"后者恚[②]曰："我共前人同买于汝，云何独尔？"即鞭十下。如是五人各打十下。

五阴[③]亦尔。烦恼因缘[④]合成此身，而此五阴，恒以生、老、病、死、无量苦恼搒笞[⑤]众生。

［注释］

①浣（huàn）衣：洗衣。②恚（huì）：怨恨。③五阴：佛教名词，亦译作"五蕴"，包括色、受、想、行、识。"五蕴"作为对一切有为法的概括，狭义为现实人的代称；广义指物质世界（色蕴）和精神世界（其余四蕴）的总和。"五蕴"是佛教教义分析讨论的基础，对其界说的不同也是各宗派确立自己思想体系的重要依据。④因缘：佛教名词，指得以形成事物、引起认识、造就业报等现象所依赖的原因和条件。⑤搒（péng）笞：搒，指用棍子或竹板子打。笞，用鞭、杖或板子打。

［译文］

曾有五个人合买了一个婢女。其中一人吩咐婢女说："给我洗衣服。"另一个人也这样要求婢女。婢女就告诉后说的这人："我先给他洗吧。"后者勃然大怒，说："我和他一起买了你，凭什么你就先给他洗？"立刻鞭打了婢女十下。其余几人见状很不服气，心想为何只能他这样呢，于是五个人都抽了婢女十下。

色、受、想、行、识这五阴亦是这样。这五个方面集聚合成了人生不断的烦恼。种种烦恼因缘和合形成人的身体，而五阴总以生、老、病、死这些无尽的痛苦烦恼不断鞭笞折磨众生。

[评析]

佛教认为，有情众生是由“色、受、想、行、识”五种因素积聚构成的。其中，“色蕴”相当于物质现象，包括地、火、水、风四大。“受蕴”相当于感觉，是有情众生与外界事物接触产生的各种感受，分为眼、耳、鼻、舌、身、意六种。“想蕴”相当于知觉或表象认识，具有抽象思维能力。“行蕴”相当于行动意志，是人们经过分析思辨后形成的意向活动。“识蕴”相当于意识，即统一各种心理认识的根本意识。“五蕴”（“五阴”）是一切物质现象与精神现象的总括，是一切物质世界和精神世界的总和。

52. 伎儿作乐喻

譬如伎儿[①]王前作乐，王许千钱。后从王索，王不与之。王语之言："汝向作乐[②]，空乐我耳；我与汝钱，亦乐汝耳。"

世间果报，亦复如是。人中天上[③]，虽受少乐，亦无有实。无常败灭，不得久住[④]，如彼空乐。

［注释］

①伎儿：伎，同"技"。伎儿，指年轻的歌舞演员或乐师。②作乐：演奏。③人中天上：佛教认为有欲望的人间和有情的天界都没有实现真正的超脱。欲望、情感都会带来烦恼，所谓的快乐只不过是相对于地狱、饿鬼、畜生等恶道而言。佛教认为只有摆脱欲望进入涅槃境界，才能从苦难中解脱出来。④久住：住，指事物形成后持续的相对稳定的状态。在佛教看来，万法都是因缘和合而生，其本质是空，故而不执著于眼前的一切才是般若智慧。

［译文］

有个乐师在国王面前演奏，国王听着高兴起来许诺赏赐给他一千钱，演出结束后乐师向国王要求兑现承诺，可是国王拒绝了他。国王对他说："你演奏只不过使我高兴一下，我许诺你赏赐也只是让你快乐一下而已。"

世间的因果业报，也是这样的。无论欲界人间还是有情天上，虽然能得到短暂的快乐，但却并不实在，容易消逝。万物都在变幻之中，似有却无，不能长久停留，就像这个故事中的音乐和许诺，都只不过是使人得到暂时快乐而已。

[参考资料]

《大智度论》卷九十二：譬如人有一子，喜在不净中戏，聚土为谷，以草木为鸟兽，而生爱著，人有夺者，恚啼哭。其父知已："此子今虽爱著，此事易离耳，小（稍）大自休。"何以故？此物非真故。（《大正藏》第二十五册第七〇七页）

《高僧传》卷二（鸠摩罗什）：如昔狂人令绩师绩绵，极令细好。绩师加意，细若微尘，狂人犹恨其粗。绩师大怒，乃指空示曰："此是细缕。"狂人曰："何以不见？"师曰："此缕极细，我工之良匠犹且不见，况他人耶？"狂人大喜，以付织师。师亦効焉，皆蒙上赏，而实无物。（《大正藏》第五十册第三三〇页）

[评析]

佛教认为，万法无常，一切事物均在生灭变化之中不停流转，世界上没有常住不变的物质，也没有常住不变的感受。万物没有自性，肯定或否定其存在的认识都是错误的，人的认识同样不应停留在固定的名词或概念上。因此佛教主张心无所执著，无所取舍，将一切理解为过眼云烟、稍纵即逝，因为万法本质就是"空"。

53. 师患脚付二弟子喻

譬如一师有二弟子。其师患脚，遣二弟子，人当一脚，随时按摩。其二弟子常相憎嫉，一弟子行，其一弟子捉其所当按摩之脚以石打折。彼既来已，忿其如是，复捉其人所按之脚，寻复打折。

佛法学徒亦复如是。方等[1]学者非斥小乘；小乘学者复非方等。故使大圣法典[2]二途[3]兼亡。

［注释］

①方等：原是大乘佛教经典的通称。方即方广，等即平等，喻指大乘佛理放诸四海皆准，是谓方广；而无论凡夫走卒，抑或圣人高僧皆能适用，是谓平等。方等学者，指修证大乘佛理的佛教信徒。②大圣法典：指佛陀创立的佛教基本教义。③二途：指小乘、大乘这两种佛教的修持途径。

［译文］

以前曾有个大师收了两个徒弟。大师患了脚疾，吩咐两个弟子每人负责一只脚随时按摩。但这两个弟子却相互嫉妒憎恨，其中一人外出，另一人就用石头打断他负责的那只脚。那个弟子回来看到这种情景很是气愤，也趁另一个弟子不在的时候将他负责的那只脚打断。

佛门中的信徒也存在这样的相互攻击。那些修持大乘佛教的弟子对小乘佛教的信徒嗤之以鼻，小乘的信徒也同样攻击排斥大乘弟子。他们的相互指责内耗，使得佛法原典失去了佛陀创教之初的本真面目。

[参考资料]

昔雪山中有鸟名为共命，一身二头。一头常食美果，欲使身得安稳。一头便生嫉妒之心，而作是言："彼常云何食好美果，我不曾得。"即取毒果食之，使二头俱死。(《杂宝藏经》卷三，见《大正藏》第四册第四六四页)

[评析]

佛教产生后曾几经演变，由于佛陀生前在不同场合对不同对象的不同说法，信徒的理解也各有不同。佛陀与亲传弟子所宣传的教义，如"四谛"、"八正道"、"十二因缘"等被称为根本教义。佛灭后不久，佛教演变部派佛教，随后兴起的大乘佛教把原始佛教和部派佛教贬称为小乘佛教。大乘佛教兴起于公元1世纪，以自利利他为旗帜，上求佛道，下化众生，乘载更多众生度脱到彼岸。一般说，小乘把释迦牟尼视为"教主"，大乘则认为三世十方有无数佛。前者追求个人自我解脱，以证得罗汉果为目标；后者以普度众生为最终理想，以菩萨为果位。在古印度，大乘流行后小乘仍有很大势力，特别是有部、经部、正量部、上座部等，斥"大乘"为"非佛说"，两者常有激烈辩争。13世纪后，佛教在印度近乎绝迹，大乘佛教后逐渐占据中国佛教的主导地位。此喻有调和大小二乘的思想。

54. 蛇头尾共争在前喻

譬如有蛇，尾与头言："我应在前。"头语尾言："我恒在前，何以卒尔[①]？"头果在前，其尾缠树，不能得去。放尾在前，即堕火坑，烧烂而死。

师徒弟子，亦复如是。言师耆老[②]每恒在前，我诸[③]年少应为导首[④]。如是年少不闲[⑤]戒律，多有所犯，因即相牵入于地狱。

[注释]

①卒尔：突然这样（指蛇尾提出要在前的要求）。②耆（qí）老：耆，古称六十岁的年纪。耆老，老年人，特指德行高尚、有地位、受尊敬的老人。③我诸：诸，众、许多。我诸，我辈。④导首：这里指引导信徒修证佛法的高僧、住持等。⑤不闲：闲，同"娴"，熟悉。不闲，这里指对佛教戒律不熟悉。

[译文]

有一条蛇，它的尾对头说："我应该在前面。"蛇头听了对尾说："这么长时间以来我一直是在前面的，为何要突然改变位置呢？"蛇头依然在前面，正要行走，蛇尾却缠在树上使蛇不能走动。于是只好让蛇尾在前面，结果蛇很快就掉到火坑里，被火活活烧死了。

佛门中的师徒之间也是这样。徒弟认为师傅垂垂老矣，一直总是占据着住持的位置，应该由他们这些风华正茂的年轻人取而代之，引导大家修习佛法。可是这些年轻人对佛法戒条还不太熟悉，经常会违反清规戒律，并且因此牵连到师傅和广大信徒，堕入地狱遭受惩罚。

[参考资料]

《杂譬喻经》(比丘道略集、鸠摩罗什译) 第二十五则：昔有一蛇，头尾自相与诤。头语尾曰："我应为大！"尾语头曰："我亦应大！"头曰："我有耳能听，有目能视，有口能食，行时最在前，是故可为大。汝无此术，不应为大。"尾曰："我令汝去，故得去耳，若我以身绕木三匝三日而不已?"头遂不得去求食，饥饿垂死。头语尾言："汝可放之，听汝为大。"尾闻其言，即时放之。复语尾言："汝既为大，听汝在前行。"尾在前行，未经数步，堕火坑而死。(《大正藏》第四册五二八页)

[评析]

这则寓言以蛇头和蛇尾作喻，告诫佛门后辈弟子不可自恃年轻气盛、意气风发而骄傲，不可因师傅年迈而轻视。虽然"长江后浪推前浪"，但是师傅毕竟经验丰富，后辈弟子可能之于佛法常有创新，却不一定能在红尘诱惑中把持有度。在古代中国，"师"也具有极高地位，经学体系对家法师传常不敢僭越。佛教重师、尊师的传统与中国传统文化亦不谋而合。当然，这则寓言主要是谈尊师重道，并不否定徒弟的见解可能高于师傅，师徒之间是可以互相学习的，学无止境。

这则寓言还启示我们在日常生活中应该准确、恰当地评价自己的实力和地位，不能急躁冒进，否则可能招致不测。

55. 愿为王剃须喻

昔者有王，有一亲信，于军阵中，殁命[①]救王，使得安全。王大欢喜，与其所愿。即便问言："汝何所求，恣[②]汝所欲。"臣便答言："王剃须时，愿听我剃。"王言："此事若适汝意，听汝所愿。"如此愚人，世人所笑。半国之治[③]，大臣辅相，悉皆可得，乃求贱业。

愚人亦尔。诸佛于无量劫难行苦行，自致成佛。若得遇佛及值遗法[④]，人身难得，譬如盲龟值浮木孔[⑤]。此二难值[⑥]，今已遭遇，然其意劣[⑦]，奉持少戒，便以为足，不求涅槃胜妙法也。无心进求，自行邪事，便以为足。

［注释］

①殁命：殁，死。殁命，舍命。②恣：放纵，随意。③半国之治：指把国家一半领土的管治权让出，共治天下。④遗法：讲授佛法义理。⑤盲龟值浮木孔：盲龟，瞎眼的大龟。木孔，指浮托的大木。盲龟正好碰上漂浮的大木头。原典出自《杂阿含经》卷十六：告诸比丘，如大海中有一盲龟，寿无量劫，百年一遇出头，复有浮木，正有一孔，漂流海浪，随风东西。盲龟百年一出，得遇此孔。至海东，浮木或至海西，围绕亦尔。虽复差违，或复相得。凡夫漂流五趣之海，还复人身，甚难于此。（《大正藏》第三十五册第二五七页，现存《杂阿含经》卷十六无此段）比喻人类生于此世，遇佛，闻法的机缘极不容易。⑥难值：很难碰到的事情。⑦意劣：这里指见识浅薄。

[译文]

从前有个国王在战场上身临其地，他的一个亲信冒死将他救回，使他安然无恙、毫发无损。国王非常高兴，表示会满足亲信的所有愿望。于是国王问那个亲信道："你有什么要求就尽管说吧，随你想要什么，一定满足你的愿望。"亲信说："大王剃胡须的时候，请让我来剃。"国王说："这样的事如果能适合你的心意，我就答应，满足你的愿望。"

这种愚昧的人，世上的人都会嘲笑他。无论是他要求和国王分治江山，还是谋得朝臣宰相的职位，都是唾手可得的，可他偏偏要求做卑贱的事情。

愚人也是这样。诸佛在过去漫长的岁月中，历经磨难苦行，经无量劫难修习佛法，自已终于觉悟成佛，遇佛出世、闻佛遗教与生世为人，都是极难得的事情。就好像一只瞎了眼的百年大龟，一出海面正好进入浮木的孔中，是两件极难得的事，生世为人，遇佛闻法，这两件事很难遇到，现在都已遇上了。可是却由于愚人见识浅薄，只知道奉行一点儿清规戒律就以为足够了，并不知道追求涅槃的至高境界，无心进取，自愿满足于从事低贱的事情。

[评析]

这则比喻的用意是启示人们要懂得抓住难得的机遇，因为在佛家看来机遇是种种因缘的聚合体，稍纵即逝。而对致力于佛学修行的人来说，能亲身聆听佛的教导无疑是极为难得的机会。《百喻经》引言中就已经指出书中譬喻皆是整理者亲闻佛的教诲，所以这里也是希望人们能理解经中要义，并用以指导修行实践，尤其是要向修行者揭示，并非只知信守戒律、一味苦行就能悟得大道，而要虚心求教，把握机遇，争取早日达到美妙自在的境界。

至于故事中的愚人拒绝国王高官厚禄，在现实中却未必是全然谬误的。因为此人能做到不居功自傲，实乃有自知之明，同时也是明哲保身的智慧之举。

56. 索无物喻

昔有二人道中共行，见有一人将胡麻车在险路中不能得前。时将车者语彼二人：“佐[①]我推车，出此险路。”二人答言：“与[②]我何物？”将车者言：“无物与汝。”时此二人即佐推车，至于平地，语将车人言：“与我物来。”答曰：“无物。”又复语言：“与我‘无物’。”二人之中，其一人者，含笑而言：“彼不肯与，何足为愁。”其人答言：“与我无物，必应有‘无物’。”其一人言：“‘无物’者，二字共合，是为假名[③]。”

世俗凡夫著无物者，便生无所有处。第二人言“无物”者，即是无相[④]、无愿[⑤]、无作[⑥]。

［注释］

①佐：辅佐，帮助。②与：给。③假名：名，指语言概念。假名，佛教名词，假借名称来表示。④无相：佛教名词。“相”，指事物的外部形态。佛教认为，无论在时间还是在空间的意义上，一切事物都在聚合分离演化着，而没有一个实在的形态。中国禅宗认为，能离于相，才能法体清净。《金刚经》提及了四种相，即无我相、无人相、无众生相、无寿者相，“我”只是个虚幻的东西，并不实际、永恒地存在，“我”的存在只是身体的感觉以及那在不断变幻的心念。既然“无我”，也就无相、无物，我、相都是借助词汇的称呼而已。⑤无愿：愿，指称“我”的需要、感觉；既然“无我”，也就无愿。⑥无作：佛教名词，指自然得体，不刻意而为、不造作的想法、行为等。

[译文]

从前有甲、乙两人结伴同行，看到了一个人拉着满载胡麻的车子，在险要的地方遇到阻滞无法前行。拉车的人就对他们两人说："帮我一把，将车子推出这段险路吧！"两个人说："我们帮你，你给我们什么报答呢？"拉车的人说："无物给你们。"于是两人就帮他推车直到平地上。他们对拉车人说："把'无物'给我们吧。"拉车人说："没有东西啊！"甲又说："就把'无物'给我们。"乙笑着说："他不肯给，何必苦苦相逼啊！"甲说："给我'无物'，就必须有'无物'！"乙又说："所谓的'无物'，这是两个词合起来组成的假名，是假借语言概念的表示而已，并非真的有具体的实物对应啊！"

世上的凡夫俗子却常常执著于无物这样的假名，一味追求其对应的实物，从而陷入"无所有"的境界。乙所说的"无物"，是无相、无愿、无作之意，明了种种现象都没有自性，皆是因缘和合生灭的"空"，故而对世间一切没有欲求，不执著于生死之业。但是无相、无愿、无作的境界也不是实际存在的，如果执著地去追求实境，就会像甲要求拉车人给他"无物"一样荒诞可笑了。

[评析]

这则寓言涉及词与物以及名与实等问题。名词、概念均只是人们借用来对事物的指称，并不能对应真正的实物。因此，佛法认为世间万法只是因缘聚合而成的，一切本质是"空"。按佛门中道智慧，世间万法缘起性空，修行者须扫相破执，对"空"也不应执著，否则会走向"顽空"、"恶趣空"。

57. 蹋长者口喻

昔有大富长者，左右之人欲取其意[①]，皆尽恭敬。长者唾[②]时，左右侍人以脚蹋却[③]。有一愚者，不及得蹋，而作是言："若唾地者，诸人蹋却。欲唾之时，我当先蹋。"于是长者正欲咳唾，时[④]此愚人即便举脚蹋长者口，破唇折齿。长者语愚人言："汝何以故蹋我唇口？"愚人答言："若长者唾出落地，左右谄者已得蹋去。我虽欲蹋，每常不及。以此之故，唾欲出口，举脚先蹋，望得汝意。"

凡物须时，时未及到，强设功力，反得苦恼。以是之故，世人当知时与非时。

［注释］

①意：意愿，心意。这里指左右欲迎合长者之心意。②唾：吐痰。③蹋却：这里指脚擦去痰迹。④时：时机。

［译文］

从前有位富有的老人，周围侍奉的人都想迎合他的心意，竭尽所能地对其恭敬服侍。老人一吐痰，众人马上用脚擦掉。其中有个愚人，总是反应慢，赶不上用脚擦，于是自言自语道："如果痰已经落地了，其他人就争相去擦。我应该在他将要吐痰的时候先发制人，抢夺良机。"于是他就在老人正准备吐痰的时候，飞起一脚正击中长者的嘴巴，竟将长者踢得唇破齿折。老人对愚人说："你为什么无故踢我的嘴巴？"愚人回答道："如果您的痰吐在地上，您身边这些献媚的人们早已经把它擦掉了。我即使想擦，却总是来不及。正因为这样，我才会趁您将要吐痰的时候，就先行用脚踩擦，希望能合您的心意。"

任何事物都必须洞悉时机，时机没有成熟，强行用功力去做，仅是徒增烦恼。通过这个故事，人们应该懂得什么是时机已到，什么是时机未到。

［参考资料］

《杂譬喻经》第十四则：外国小人事贵人，欲得其意，见贵人唾地，竞来以足蹋去之。有一人不大健剿，虽欲蹋之，初不能得。后见贵人欲唾，始聚口时，便以足蹋其口。贵人问言："汝欲反耶，何故蹋吾口。"小人答言："我是好意，不欲反也。"贵人问言："汝若不反，何以至是?"小人答言："贵人唾时，我常欲蹋唾。唾才出口，众人恒夺我前，初不能得，是故就口中蹋之也。"此喻论议时，要须义出口，然后难也。若义在口，理未宣明，便兴难者，喻若就口中蹋之也。(《大正藏》第四册第五二五页)

［评析］

这则故事也是强调人们要把握时机，不过更加提示人们应该随缘，在时机到来之前不应该强求，因为太过执著于结果，尽管是向往涅槃境界，也会使人被束缚而永远得不到解脱。

58. 二子分财喻

昔摩罗国[①]有一刹利[②]，得病极重，必知定死，诫敕[③]二子："我死之后，善分财物。"二子随教，于其死后，分作二分。兄言弟分不平。尔时有一愚老人言："教汝分物，使得平等。现所有物破作二分。云何破之？所谓衣裳中割作二分，盘瓶亦复中破作二分，所有瓫瓨[④]亦破作二分，钱亦破作二分。如是，一切所有财物尽皆破之，而作二分。"如是分物，人所嗤笑。

如诸外道，偏修分别论[⑤]。论门[⑥]有四种：有"决定答论门"，譬如人一切有皆死，此是"决定答论门"。死者必有生，是应分别答，爱尽者无生，有爱必有生，是名"分别答论门"。有问人为最胜不？应反问言汝问三恶道[⑦]、为问诸天？若问三恶道，人实为最胜；若问于诸天，人必为不如。如是等义[⑧]，名"置答论门"。若问十四难[⑨]，若问世界及众生有边、无边，有始终、无始终，如是等义，名"置答论门"。诸外道愚痴，自以为智慧，破于四种论，作一分别论，喻如愚人分钱，破钱为两段。

[注释]

①摩罗国：南天竺一国名，其国中央有摩罗耶山，故而得名。②刹利：即刹帝利，是印度四大种姓之一，为主管政治、军事的王族或大臣。③诫敕（chì）：敕，诫也。诫敕，告诫。④瓫瓨：瓫，盛水的陶器，腹部较大。瓨，

短头长身的坛子。⑤分别论：原是小乘佛教论藏七部论之一，往往从事物的各个不同方面进行观察、分析。这里指其他教派似是而非的论证方法。⑥论门：论证方法、方式。⑦三恶道：指佛教六道中的地狱道、饿鬼道、畜生道，佛教告诫众生会因所作恶业轮回转入恶道。⑧等义：如此这样的论证方式。⑨十四难：指古印度其他宗教向佛陀提出的十四个问题，称为外道十四难。佛教认为这些问题无事实根据，置之不答。十四难即：世间是恒常？世间是无常？世间亦是恒常亦是无常？世间非恒常非无常？世间有边？世间无边？世间亦非有边亦非无边？世间亦有边亦无边？如来死后还存在？如来死后不存在？如来死后亦存在亦不存在？如来死后亦非存在亦非不存在？命（我）和身体是同一物？命（我）和身体是不同一物？

[译文]

从前在南天竺的摩罗国，有一位刹帝利，病得极为严重，自知命不久矣。于是他对两个儿子千叮万嘱道："我死了之后，你们一定要好好地分配财产。"二个儿子依照父亲的遗训，把财产分为两份，可是哥哥认为弟弟分得不公平。这时有一个傻乎乎的老头对他们说："我教你们分割财产，使你们能分得公平均等。你们现在将所有的财物都平均剖为两份。怎么剖开呢？就是把衣裳从中间剪开，盘子、瓶子都从中间打碎，所有瓮坛也从中间砸破，钱币也从中间切开。这样一来，所有的财物就都很平均地分成两份。"这样分财产的方法，受到大家的嘲笑。

这就好比其他外道，总是偏向地修习"分别论"。分别论其实有四种论证方式：其一是"决定答"的方式，譬如所有的人都会死，这就是"决定答"方式，而死了的最终会轮回转升，就要分不同情况分别回答了，例如断灭爱欲的人已经摆脱轮回不会再生；可是仍然存续爱欲的人就必定会有再生，这就是"分别回答"的方式。如果有人问："人是最优胜的吗？"那么就应该反问他："你是相对于地狱、饿鬼、畜生三道而言，还是与天道比较呢？如果相对于三恶道，人当然是优胜的，可是相对天道，人必定是不如的。"

这样的论证方法就是“反问”。而如果有人提出“十四难”这样的问题，涉及诸如世界、众生有没有边界，有没有始终，等等，佛陀的应对方式是置之不答，弃而不理，这种方式是所谓的“置答”方法。

佛教以外的其他教派被愚昧瞋痴蒙蔽却自以为具有智慧，把这四种论证方法破坏了，只片面地修习一种“分别论”。正好像愚人分财物把钱都从中破开一样。

[评析]

佛教进入中土传播发展之后，它犀利的论辩和缜密的思辨，胜于中国的儒、道两家。佛学包括经、律、论，其中的论是在理论上阐发、解释、论证的著述，分为“释经”、“宗经”，前者阐释佛陀的论述，后者阐发佛门中各宗各派学说的论述。佛教在其产生发展中，通过与外道的不断论辩，积累了丰富的经验，将其对于人生、社会、宇宙的基本看法融汇形成了一套成熟的理论体系。

59. 观作瓶喻

如二人至陶师所[①]，观其蹋轮而作瓦瓶，看无厌足。一人舍去，往至大会[②]，极得美膳，又获珍宝。一人观瓶而作是言："待我看讫[③]。"如是渐冉[④]，乃至日没，观瓶不已，失于衣食。愚人亦尔，修理家务，不觉非常。

今日营此事，明日造彼业[⑤]。

诸佛大龙出，雷音遍世间。

法雨无障碍，缘事故不闻。

不知死卒至，失此诸佛会[⑥]。

不得法珍宝，常处恶道穷。

背弃于正法。

彼观缘事瓶，终常无竟已。

是故失法利，永无解脱时。

[注释]

①陶师所：指陶土师傅制作陶器的作坊。②大会：这里指佛教义理宣传的大会。③讫（qì）：（事情）完结。④渐冉：冉，渐渐地。渐冉，逐渐，慢慢地。⑤彼业：业，源出印度古奥义书，佛教解释为造作。业由惑即烦恼而生，形成不同意识、行为，带来各种不同的结果，即"业报"。大小乘佛教对此解释各有不同，大乘更注重惑、业、果的过程中的动机。⑥佛会：指佛、菩

萨聚会的场所，即修证佛法、到达净土的途径。

[译文]

有两个人到了陶师制陶的作坊，看他脚踏转轮制作瓦瓶，不知不觉竟然着了迷。其中一人离去了，去参加佛教讲经大会，不仅吃到非常精美的斋膳，而且获得一些人生的真谛。那个仍然在看瓦瓶制作的人自言自语地说："还是等我看完罢。"就这样时间不知不觉渐渐流走，直到太阳下山。那个人为了看瓦瓶制作，竟然忍饥受冻。世上的愚人也是这样，年复一年，日复一日奔走操劳于日常的家庭事务，而不去思考从烦恼中解脱出来。

今日经营这件事，明天奔波那桩业。

诸佛如大龙出世，真理在世间传遍。

佛法润物无阻碍，琐事缠身无暇闻。

一朝死亡卒然至，无缘再悟菩提智。

佛法真谛既不得，困于恶道难摆脱。

正法弃置不聆听。

竟为瓦瓶而痴迷，最终竟然难自控。

佛法般若均失去，苦难永无解脱时。

[参考资料]

《中阿含经》卷五十五：如有狗饥饿羸乏，至屠牛处。彼屠牛师净剔除肉，掷骨与狗。狗得骨已，处处咬啮，破唇缺齿，或伤咽喉，然狗不得以此除饥。(《中华大藏经》第三十一册第九四七页)

《大智度论》卷六十四：譬如人欲守护虚空，虚空雨不能坏，风日不能干，刀杖等不能伤，若有人欲守护虚空者，徒自疲苦，于空无益。(《大正藏》第二十五册第五一三页)

[评析]

普通大众六根难净，容易受到外界声色所累。竟然忽视了修习佛法才是从苦难中解脱出来的途径。

60. 见水底金影喻

昔有愚痴人往大池所①，见水底影有真金像②，谓呼有金，即入水中挠泥求觅，疲极不得。还出复坐。须臾水清，又现金色，复更入里挠泥更求觅，亦复不得。其父觅子，得来见子，而问子言："汝何所作，疲困如是？"子白父言："水底有真金，我时投水，欲挠泥取，疲极不得。"父看水底真金之影而知此金悉在树上。所以知之，影现水底。其父言曰："必飞鸟衔金著于树上。"即随父语，上树求得。

凡夫愚痴人，无智亦如是。

于无我阴中③，横生有我想④。

如彼见金影，勤苦而求觅，徒劳无所得。

［注释］

①大池所：指一个大池塘的旁边。②真金像：纯金的影像。③无我阴中：阴，佛教以五阴指称万物构成的元素，也称"五蕴"。佛教认为世间万物都是因缘聚合而生，缘散而灭的。"我"也只是五阴暂时聚合而生的，并不真实存在。④有我想：认为存在"我"这个不变整体的想法。

［译文］

从前有个痴人来到大池边，看见水底似乎有块真的金子。他欢呼发现了金子，立刻跳入水中，拼命地挖掘找金子，弄得疲惫不堪却一无所获，他只好又上岸坐下休息。不一会儿，水又清了，金子又出现了，他于是又跳进水里挖掘找寻，仍然没有找到。这时，他的父亲来找他，见他这副狼狈模样，便问："你究竟干什么了？怎么会这么疲惫不堪？"儿子对父亲说："水底下有真的金子啊，可我跳进水中，无论怎样挖泥寻找，弄得累死了仍然没有收获。"父亲看看水底真金的影子，就知道其时金子乃在树上，水底的不过是倒影而已。他父亲说："肯定是鸟衔来放到树上了。"痴人听了父亲的话，爬上树找到了金子。

世上多少凡夫和痴人啊，和他一样愚昧。

"我"不过是五阴聚合，并非实际存在，却横生"有我想"。

好比看见金子之影的人，水中辛苦寻觅，最终必定会一无所获。

[参考资料]

《众经撰杂譬喻经》卷下第四十二则：昔有父子二人共居，入山斫林。泉水有黄金。子便归，求父索分，言："我不用余物，物尽与父，唯与我车牛一具，米二斛，荻斫各一枚。"父不听之。数谏不止，父便与之言："汝莫复来归。"子便入山，掘泉水中金。日日终不能得。父便共相将往视之，观如是金，仰视山头边，有金若山，影现水中，便上山以大木幢堕金于地。父语儿："求之法，当云何？但掘水，何时当得？"

子不晓求金者，喻人不持五戒，但逐听声色，人身岂复可还得也？父者，喻如黠之求金者，观如本末时，持佛五戒，加行十善，生天人身，世世不失，后得佛道果。(《大正藏》第四册第五四二页)

[评析]

世间众生总会被万物的假象迷惑，佛教认为一切都是五蕴聚合而生，缘散而灭的假象，教导人们不要执著于物，而要认识到一切本质均是空。

61. 梵天弟子造物因喻

婆罗门众[①]皆言："大梵天王[②]是世间父，能造万物，造万物主者。"有弟子言："我亦能造万物。"实是愚痴，自谓有智，语梵天言："我欲造万物。"梵天王语言："莫作此意，汝不能造。"不用天语，便欲造物。梵天见其弟子所造之物，即语之言："汝作头太大，作项[③]极小；作手太大，作臂极小；作脚极小，作踵[④]极大。如似譬毗舍阇鬼[⑤]。"

以此义当知各各自业所造，非梵天能造。诸佛说法不著二边[⑥]，亦不著断，亦不著常，如似八正道[⑦]说法。诸外道见是断、常事已，便生执著，欺诳世间，作法形像，所说实是非法。

[注释]

①婆罗门众：指婆罗门教徒。婆罗门教，印度古代宗教，约形成于公元前1000年左右，它吸收佛教等宗教的内容，完成了自己哲学体系的组建，最后过渡到以梵天、毗湿奴、湿婆三大神崇拜为标志的印度教。②大梵天王：梵天，又称大梵天，是婆罗门教、印度教的创造神。③项：脖子。④踵(zhǒng)：脚后跟。⑤毗舍阇鬼：癫狂鬼，又名饿鬼中的胜者，饿鬼王。⑥不著二边：边，端、界。即不偏执于两个边端，不走极端。⑦八正道：指通向解脱、涅槃的八种正确方法或途径，是"四谛"（苦、集、灭、道）之"道谛"的展开。

[译文]

婆罗门教徒都说："大梵天是世间之父，可以缔造万物，是万物的造物主。"有的弟子说："我也能缔造万物。"其实这个人是愚蠢痴狂的人，却自称很有智慧，他对梵天说："我想创造万物。"梵天跟他说："不要有这个念头，你是不能创造的。"这个弟子不听梵天的话，于是自己开始缔造万物。梵天看到他弟子所创造的东西，便对他说："你造出来的头太大，脖子太小；手太大，手臂却又这么小；造出的脚这么小，脚后跟却大得惊人。简直就好像饿鬼王一样。"

从这件事就可以知道，其实万物形成都有自己的原因，并不是梵天控制的。众佛讲解佛经的道理，不偏执于事物的两个极端，即不执著于事物的间断性，也不执著于事物的永恒性，就好像达到涅槃的八种正确的途径所说的那样。佛教之外的其他宗教、哲学理论，不过停留在事物间断和恒常的表象，徘徊于两个极端间的执著争论，并常欺诳世人，对事物的认识，实在是错误的。

[评析]

这则故事非常明确地表明了佛教世界观的特殊性，即对世间事物不偏执于两端，既不执著于事物的永恒，也不为事物的寂灭而患得患失。故事非常巧妙地通过梵天弟子造出的奇形怪物，揭示事物都无自性，人为主观等各种外部力量强加其上就会扭曲事物的本来面目。佛教独特的世界观及其解释事物的方法也充分显示出其深刻的辩证思想和严密的逻辑推理，而这也正是佛教在中国极具吸引的魅力之所在。

62. 病人食雉肉喻

昔有一人，病患委笃[①]。良医占之，云须恒食一种雉[②]肉，可得愈病。而此病者市[③]得一雉，食之已尽，更不复食。医于后时见便问之："汝病愈未？"病者答言："医先教我恒食雉肉，是故今者食一雉已尽，更不敢食。"医复语言："若前雉已尽，何不更食？汝今云何止食一雉，望得愈病？"

一切外道亦复如是。闻佛、菩萨无上良医说言，当解心识[④]。外道等执于常见[⑤]，便谓过去未来现在唯是一识[⑥]，无有迁谢[⑦]，犹食一雉，是故不能疗其愚惑烦恼之病。大智诸佛教诸外道除其常见，一切诸法念念[⑧]生灭。何有一识常恒不变？如彼世医，教更食雉而得病愈，佛亦如是，教诸众生，令得解诸法坏故不常，续故不断，即得灭除常见之病。

［注释］

①委笃（dǔ）：笃，深。这里形容病得很严重。②雉（zhì）：野鸡，山鸡。③市：在市场上。④心识：思想意识，与物质相对的精神。⑤见：永恒长存的见解。⑥一识：小乘成实宗认为，众生只有一识，依于六根，缘于六境。因而对外界的认识是永恒不变的。这里指将过去、现在、未来看作没有变化的永恒存在。⑦迁谢：随着时空转变的变化兴衰。⑧念念：念，佛教名词，一般与"想"、"思"等同义，相当于心识活动。

[译文]

从前有个人病得确实非常严重。一位名医替他诊断之后，告诉他必须坚持用一种野山鸡进补，病就可以痊愈。这个病人到市场上买了一只野山鸡，把它吃完之后再也不吃了。过了一段时间那个名医遇见他就问："你的病痊愈了吗?"病人说："医生你先前叫我要坚持吃鸡肉，所以我吃完了一只之后不敢再吃了。"医生又说："既然你吃完了一只鸡，为什么不接着吃呢？你现在只吃一只鸡，又怎么能指望病会好呢?"

所有的外道修行也是这样。听到佛、菩萨这些至高的大医王的说法，就会在精神方面得到解悟，消除心理障碍。外道众人都是偏执地认为世间万物均是永恒不变的存在，于是将过去、未来看作和现在世界一样没有兴衰更替，永恒存在。好比只吃了一只山鸡，病便无法痊愈一样，外道的见解也不能使其摆脱愚昧疑惑和烦恼。掌握了般若智慧的诸佛教导的外道众人，必须抛弃破除他们对万物永恒不变的认识，因为一切事物无时无刻不在变化，对它们的认识怎么可能永恒不变呢？就像那位名医告诫病人要坚持吃鸡肉才能痊愈，佛陀也教导众生，必须明了一切事物时刻都在变迁，生灭无常，却又时时相续连绵不断，这样才能破除对永恒偏执追求的错误。

[评析]

佛教缘起论指出，人和世界万物皆因缘和合而生，不常不断，没有永恒性，也没有间断性，因此一切认为现在当下的一切就是真实、永恒的观念都是错误的，会把人引入对现实的幻想。

63. 伎儿著戏罗刹[1]服共相惊怖喻

昔干陀卫国[2]有诸伎儿因时饥俭逐食他土[3]。经婆罗新山，而此山中素饶[4]恶鬼食人罗刹。时诸伎儿会宿山中，山中风寒，然[5]火而卧。伎人之中有患寒者，著彼戏衣罗刹之服，向火而座。时行伴中从睡寤者[6]，卒见火边有一罗刹，竟不谛观[7]，舍之而走。遂相惊动，一切伴侣悉皆逃奔。时彼伴中著罗刹衣者亦复寻逐，奔驰绝走[8]。诸同行者见其在后，谓欲加害，倍增惶怖，越度山河，投赴沟壑，身体伤破，疲极委顿，乃至天明，方知非鬼。

一切凡夫，亦复如是。处于烦恼饥俭善法[9]而欲远求常乐我净[10]无上法食[11]，便于五阴之中横计于我，以我见故，流驰生死，烦恼所逐，不得自在，坠堕三涂[12]恶趣沟壑[13]。至天明者，喻生死夜尽智慧明晓，方知五阴无有真我。

［注释］

①罗刹：源于印度古老宗教文献《梨俱吠陀》，传说男性罗刹红发、绿眼、黑身，女性罗刹妩媚动人。后衍化为恶鬼的代称，会飞天遁地、食人血肉。②干陀卫国：梵文音译而来，意即香遍国，得名于处处有香气浓郁的花。干陀卫国是亚洲古代史上著名的大国，各代疆域不同，公元前 3 世纪随着佛教传播形成举世闻名的干陀卫式佛教艺术。③他土：指其他国家。④饶：丰饶，多。⑤然：同“燃”，点燃。⑥睡寤（wù）者：从睡梦中醒来的人。⑦谛观：

仔细看真切。⑧绝走：指不顾一切地飞奔。⑨饥俭善法：指处于艰难困苦却能使人悟得真理的境界。⑩常乐我净：指涅槃的四种功德。⑪法食：指得到解脱烦恼的方法或结果。⑫三涂：又作三途，即火途、刀途、血途，其义近似于地狱、饿鬼、畜生三恶道。火途对应地狱道，指在那里遭受炉炭金汤之苦；刀途对应饿鬼道，指遭受刀杖驱逼之苦；血途对应畜生道，指遭受互相饮血食肉之苦。⑬恶趣沟壑：恶趣，指在三涂中遭受的痛苦。沟壑，比喻不能自拔。

[译文]

以前干陀卫国有一帮艺人，因为当时饥荒之灾流落到其他国家谋生。他们路过一座叫婆罗新的山，传说这座山中素来多吃人的罗刹恶鬼出没，可是天色已晚，艺人们就一起在山中留宿，山里风大天冷，他们就烧火取暖休息。艺人之中有个人觉得很冷，披起了另一个艺人扮罗刹时的戏服，面对火堆坐着。这时同伴中有人从梦中醒来，突然看见就跑。大家也被惊醒了，所有的人都连忙逃跑，那个穿罗刹服的艺人见状，不顾一切地跟着大家飞奔。同伴们看见以为是罗刹追着要杀害他们，更加惊慌失措，爬山过水、投沟赴壑，弄得遍体鳞伤、惨不忍睹，一直到天亮，才知原来并不是鬼。

世俗之人，也是如此。处于烦恼饥饿这样不可避免却能使人顿悟真理的境地，却只是妄想着追求常、乐、我、净这四种涅槃的至高功德。在色、受、想、行、识五阴之中，总是想得到永恒的自我，执著于追求自我的认识，于是只能被永无止境的烦恼困扰不能自拔，堕入地狱、畜生、饿鬼三恶道中饱受痛苦煎熬。直到人们的生死之夜已尽，自己的智慧像天亮一样明了，才悟得五阴之身只是和合而生，并不存在一个真我的道理。

[评析]

这则故事告诉我们要洞悉无我，从而达到一种安然坦然的人生境地。故事中因为惊惶而疲于奔命的艺人，并不是因为一个罗刹的出现而混乱，而是被心中“恶鬼”即罗刹的到来而带来的恐惧驱使的，恐惧恶鬼，即恐惧丧失自我，这就是对“我”的执著和偏激。这种执念迷失了心神，使人们不加分辨地排斥表面的威胁，而没有形成一种泰然处之的良好心态。

64. 人谓故屋中有恶鬼喻

昔有故屋[①]，人谓此室常有恶鬼，皆悉怖畏[②]，不敢寝息。时有一人，自谓大胆，而作是言："我欲入此室中寄卧一宿。"即入宿止。后有一人，自谓胆勇胜于前人，复闻傍人言，此室中恒有恶鬼，即欲入中，排门将前[③]。时先入者谓其是鬼，即复推门，遮不听前[④]。在后来者复谓有鬼。二人斗争，遂至天明，既相睹已，方知非鬼。

一切世人，亦复如是。因缘暂会[⑤]，无有宰主[⑥]，一一推析，谁是我者？然诸众生横计是非，强生争讼，如彼二人，等无差别。

[注释]

①故屋：陈旧的老屋。②怖畏：恐怖、畏惧。③排门将前：推门向里走。④遮不听前：遮挡着不让其往里走。⑤因缘暂会：指各种条件在某个时刻都聚集在一起。⑥无有宰主：指各种条件中并不存在操纵主宰的力量。

[译文]

从前有座老屋，传说其中经常有恶鬼出没，大家都很恐惧，不敢在里面过夜。其时有个人，自认为很胆大，于是说："我想尝试在这屋里住一夜。"于是进屋住下。其后又有一个，自认为胆量更胜前者，听见周围人说这个屋子有恶鬼，也要在此留宿一夜，于是推门就向里走。这时先进屋的那个人，以为他是鬼，于是就挡着门不让他进来。后来的这个人又把他当作了鬼，这两个人互相你推我挡，以至弄到天亮看清对方，才知道都不是鬼。

世上所有的人，都是这样。万物都是因为各种条件在某时某地的聚结而形成，其中并没有一个能操纵的主宰。逐一推敲分析起来，究竟哪一个是实际存在的“我”？可是世间众生却非要执著于我是你非，硬要争讼一较高下，这就好比那两个人你推我挡，并没有什么差别。

[评析]

与其说“鬼”是一种实体的存在，不如说“鬼”代表了一种不可捉摸的状态。世界上是否真的存在实体的“鬼”是不可证明也不可证伪的，但更为可怕的是游荡在人们心中的“鬼”。这种“鬼”使人无法把握自身，以致迷失在自己创造的阴影下。佛教进一步明确，这种人们心中的“鬼”之所以产生，根本原因是因为人们对“我”的执著，因而现实中人们会为了“我”的名利而互相倾轧，在心中的“鬼”的主导下走上不归路。佛门此喻，站在无神论的立场上看，也是对鬼神观的否定。

65. 五百欢喜丸[1]喻

昔有一妇，荒淫无度，欲情既盛，嫉恶其夫。每思方策[2]，频欲残害，种种设计，不得其便。会值其夫聘使[3]邻国。妇密为计，造毒药丸，欲用害夫。诈语夫言："尔今远使，虑有乏短。今我造作五百欢喜丸，用为资粮，以送与尔。尔若出国至他境界，饥困之时，乃可取食。"

夫用其言，至他界已，未及食之，于夜暗中，止[4]宿林间，畏惧恶兽，上树避之，其欢喜丸忘置树下。即以其夜，值五百偷贼盗彼国王五百匹马并及宝物来止树下。由其逃突，尽皆饥渴，于其树下见欢喜丸，诸贼取已，各食一丸。药毒气盛，五百群贼一时俱死。时树上人至天明已，见此群贼死在树下，诈以刀箭斫射[5]死尸，收其鞍马并及财宝，驱向彼国。

时彼国王多将人众案迹[6]来逐，会于中路值于彼王。彼王问言："尔是何人？何处得马？"其人答言："我是某国人，而于道路值此群贼，共相斫射。五百群贼今皆一处死在树下。由是之故，我得此马及以珍宝来投王国。若不见信[7]，可遣往看贼之疮痍[8]杀害处所。"王时即遣亲信往看，果如其言。王时欣然，叹未曾有。既还国已，厚加爵赏，大赐珍宝，封以聚落[9]。彼王旧臣，咸生嫉妒，而白王言："彼是远人，未可服信。如何卒尔宠遇过厚，至于爵赏逾越旧臣？”远人闻已，而作是言：“谁有勇健，能共我试，请于平原校其技能。”旧人愕然，无敢敌者。

后时彼国大旷野中有恶师子⑩，截道杀人，断绝王路。时彼旧臣详共议之：“彼远人者，自谓勇健无能敌者，今复若能杀彼师子，为国除害，真为奇特。”作是议已，便白于王。王闻是已，给赐刀杖，寻即遣之。尔时远人既受敕已，坚强其意，向师子所。师子见之，奋激鸣吼，腾跃而前。远人惊怖，即便上树。师子张口、仰头向树。其人怖急，失所捉刀⑪，值师子口。师子寻死。尔时远人欢喜踊跃，来白于王。王倍宠遇。时彼国人卒尔敬服，咸皆赞叹。

其妇人欢喜丸者，喻不净施⑫；王遣使者，喻善知识⑬；至他国者，喻于诸天；杀群贼者，喻得须陀洹⑭，强断五欲并诸烦恼；遇彼国王者，喻遭值贤圣；国旧人等生嫉妒者，喻诸外道见有智者能断烦恼及以五欲，便生诽谤，言无此事；远人激厉而言旧臣无能与我共为敌者，喻于外道无敢抗衡；杀师子者，喻破恶魔；既断烦恼，又伏恶魔，便得无著道果封赏；每常怖怯者，喻能以弱而制于强；其施于初时虽无净心⑮，然彼其施遇善知识便获胜报。不净之施犹尚如此，况复善心欢喜布施？是故应当于福田⑯所勤心修施。

［注释］

①欢喜丸：一种饼的名字，又名喜团，使用面粉或其他粮食和糖及香料制成。②方策：方法、对策。③聘使：受聘出使。④止：到。⑤斫射：斫，用刀斧等砍、劈。⑥案迹：案，同“按”，指根据马蹄印追赶盗贼。⑦见信：见，被。见信，指获得相信。⑧疮痍：一般比喻地方遭受破坏或灾害后的景象。这里指儿子身受重伤。⑨聚落：村落，指分封得到一个村落的领地。⑩师子：狮子。⑪捉刀：指手里所拿的刀。⑫不净施：不净，佛教名词，与“净”相对，指不洁净、污秽、丑陋。不净施，指出于不纯洁的欲求而进行的布施。

⑬善知识：佛教名词。善，广义指与“善心”相对应的一切思想和行为。善知识，指不作恶、修善。⑭须陀洹：即“入流果”，小乘四果的第一果，指初入圣人之流。《金刚经》：“须陀洹，名为入流，而无所入，不入色声香味触法，是名须陀洹。”⑮净心：纯净澄明的修行之心。⑯福田：比喻在修行之心上努力修证、证得佛果。

[译文]

从前有个妇女，非常荒淫。因为情欲旺盛，故而非常憎恶她丈夫，她常常想方设法要加害她丈夫。可是每次的算计都找不到下手的机会。有次正碰上她丈夫受聘要出使邻国，这个妇女想了条万无一失的毒计。她秘密地做了很多有毒的欢喜饼，想用来害死丈夫。她骗丈夫说：“老公你如今要出门远行，我担心路上你会挨饿。所以我特地亲手做了五百个欢喜饼，给你作为粮食，以此作为我的心意吧。你如果出了国境，饿了可以拿出来吃的。”

丈夫听了她的话，到了邻国的地界，还没来得及吃，见天色已晚就在树林里夜宿。因为害怕猛兽，于是爬到树上躲避，欢喜饼却忘在树下了。就在这一夜，正好有五百个盗贼偷了国王的五百匹良驹和许多宝物，正好来到这棵树下休息。因为逃跑疲乏，他们都饥渴难忍，正好在树下发现了五百个欢喜饼，这群盗贼就每人吃了一个，饼中的毒药十分厉害，这五百个盗贼，转眼间全都死了。到了天亮，树上那个人见树下死了一堆盗贼，用刀箭对着尸体砍射了好一阵，收拾好了马匹带上财宝，朝京城奔去。

这时国王也率领很多人按马蹄的脚印追来，在路上和那个人相遇了。国王问：“你是什么人？马是在什么地方得来的？”那个人答道：“我是某国人，在路上碰见这群盗贼，和他们厮杀起来。现在五百个盗贼都被我杀死在树下。因为这样，我才能得到这些马匹和财宝，正打算送到您那里去。如果您不相信，可以派人去看看，那些贼的身上，血肉模糊，满目疮痍呢！”国王立即派亲信前往查看，果然和他说的一模一样，非常高兴，感叹从未见过如此勇猛之人。回到宫中之后，便对他封官晋爵，赏赐了很多金银财宝，又封土拜官。国王的旧臣们见状都心生嫉妒，对国王进言："他不过是个外来的人，不可太过信任啊。怎么能享受如此的恩宠礼遇，甚至超过旧臣呢？"这个人听了之后说："哪个人如果有勇气和体魄，敢和我比试一下，就请到平地上较量切磋！"这些旧臣听了十分惊慌，没有谁敢和他比试。

后来这个国家的旷野上有头凶猛的狮子出没，经常拦在道上杀人。这些旧臣商议："那个外国人不是自称勇猛无敌嘛，如果能再把狮子杀了为国除害，可真是非凡之人哪！"于是计议好之后向国王进谏。国王听了很赞同，于是赐了刀杖给他，派他去杀狮子。这个人既然接受了国王的命令，只好硬着头皮，勉强来到狮子出没的地方。狮子见到他，非常激动地冲他怒吼，在他面前扑来跳去。这个人慌乱中迅速爬到树上。狮子张着大口，仰起头看着树上的他。这个人害怕得要命，竟然失手将刀掉了下来，却正好插在狮子张着的大嘴里，狮子立即倒地而亡。某国人高兴得跳了起来，向国王汇报他杀死了狮子。于是国王对他便更加宠幸了，而其他人也终于对他尊敬叹服，传颂赞誉。

在这个故事中，妇女所做的欢喜饼可以看作以不纯洁的心求福报的布施；国王派他出使邻国，可以喻为引导人走向行善之路；到达邻国譬喻进入有情诸天的境界；杀死那群盗贼可视之为初步修得佛果，使用强制的方式阻断了欲望带来的烦恼；遇上国王，譬喻遭逢圣贤；国中旧臣心生嫉妒，譬喻外道对佛学能使人解脱而作的诸如绝无此事的诽谤；外邦人义正词严地说旧臣中没有对手，好像外道不敢、不能和佛学抗衡一样；杀死狮子，譬喻破除恶魔，断灭烦恼，降伏恶魔，便证悟对事物无执著之念的罗汉果；人每次在对阵时的胆怯，象征了以弱制强；虽然一开始并没有纯净无染的修行之心，但在布施时却走上了善行之路，获得了殊胜的果报。不纯正的修行布施，最后都可以证得果报，何况以善良纯净之心布施的人呢？所以应该勤心修行布施，广种福田。

[评析]

这是《百喻经》中最长的一篇故事。作者清晰地叙述了主人公由最初经历毒饼这一“不净施”出发，进而一步步通达到在他乡享受荣华富贵的果报。这则故事中每个跌宕起伏的环节，均可对应佛教修行的遭遇，从而说明如果纯净心性，努力修行，是一定能够证得佛果的。

66. 口诵乘船法而不解用喻

昔有大长者子，共诸商人入海采宝。此长者子善诵入海捉船[①]方法，若入海水漩洑洄流矶激之处[②]，当如是捉[③]，如是正，如是住。语众人言："入海方法，我悉知之。"众人闻已，深信其语。既至海中，未经几时，船师遇病，忽然便死。时长者子即便代处[④]。至洄洑驶流之中，唱言[⑤]："当如是捉如是正。"船盘回旋转，不能前进至于宝所。举船商人没水而死。

凡夫之人，亦复如是。少习禅法、安般数息[⑥]及不净观[⑦]，虽诵其文，不解其义，种种方法，实无所晓，自言善解，妄授禅法[⑧]，使前人迷乱失心，倒错法相[⑨]，终年累岁，空无所获，如彼愚人，使他没海。

[注释]

①捉船：驾驶船只。②漩洑洄流矶激之处：漩洑，指旋涡；洄流，潜流、逆流；矶激，有暗礁、险礁的地方。③如是捉：如此这般驾驶。④代处：代替船师（的位置）驾驶。⑤唱言：大声喊叫。⑥安般数息：安般，梵文音译，也译作"安那般那"。安指呼出气息，般指吸入气息。安般数息也称为"数息观"，是一种一心点数吸息出息以镇心神的方法，即静心向内反求的修行方法。⑦不净观：指证悟轮回肉体的各种污垢。⑧妄授禅法：错误地讲授修证般若的方法。⑨倒错法相：对佛法真实之相，佛法真谛的认识体悟颠倒错乱。

[译文]

有位尊贵长者的儿子，和一群商人出海寻宝。这位长者的儿子擅长背诵海上驾船的方法，比如在海上遇到旋涡、洄流、暗礁的地方，应该怎样驾船、怎样把握方向、怎样解除险境，等等。他对大家说："海上航行的方法，我都烂熟于心。"大家听了深信不疑。到了海上，没过多久，船师忽然得病猝死。于是这时就由长者的儿子代替船师驾船。当航行到旋涡洄流之中的时候，他大声喊叫道："应当这样把舵，如此驾驭！"可是船就在旋涡洄流之中打转，完全无法前进到有宝的地方。最后整船的商人，全都葬身海底。

世俗中人，往往也是这样。稍微修习了一点禅法，在进行数息修行和不净观想的时候，虽然能熟练地诵记经文，却不通其意。对于禅门中各种修行方法，其实没有真正精通的，却自认为透彻地掌握了，还错误地讲授，使得本来一意精进修习的人也混乱了，迷失方向，惑乱正心，颠倒错乱佛法的真相。终年累月下来，修习一无所得，好像那位愚人一样，使自己和其他人都葬身海中。

[评析]

"小和尚念经，有口无心。"无论是修证佛法，还是在世上做任何一件事，最忌讳的是只停留于把知识当作诵记的条文，却没有从心底真正通彻领会。如果离开了心悟，那知识仍是知识，不会成为实践智慧。因此在今天，我们除了要熟练掌握好理论知识，更要将其付诸实践，做到知、行统一。佛教的教义与修行实践、解脱智慧也是融汇一体的，佛门竭力反对"知解宗徒"。

67. 夫妇食饼共为要喻

昔有夫妇，有三番[①]饼。夫妇共分，各食一饼。馀一番在，共作要言：“若有语者，要[②]不与饼。”既作要已，为一饼故，各不敢语。须臾有贼入家偷盗，取其财物。一切所有，尽毕贼手。夫妇二人，以先要故，眼看不语。贼见不语，即其夫前，侵略[③]其妇，其夫眼见，亦复不语。妇便唤贼，语其夫言：“云何痴人，为一饼故，见贼不唤？”其夫拍手笑言：“咄！婢，我定得饼，不复与尔。”世人闻之，无不嗤笑。

凡夫之人亦复如是。为小名利故，诈现静默[④]，为虚假烦恼种种恶贼之所侵略，丧其善法，坠堕三涂，都不怖畏求出世道，方于五欲[⑤]耽著嬉戏，虽遭大苦，不以为患。如彼愚人等无有异。

［注释］

①番：量词，块。②要：约。③侵略：这里指侮辱轻薄。④诈现静默：假装表现出清澄专注的样子。⑤五欲：佛教名词，指色、声、香、味、触五欲，佛教认为人的贪欲之心是因为受到了这五欲的引诱。

［译文］

从前有对夫妇，家有三块饼。夫妇两人平分，各吃了一块饼，剩下了一块，于是两人共同约定道：“如果谁先说话，就不给他饼吃。”立约之后，两人为了得到这块饼，都不敢说话。一会儿有个小偷潜入他们家偷东西，搜取财物，一切值钱的东西都到手了。夫妇两人因为先前的那个约定，只看不说话。小偷见他们都不说话，就当着丈夫的面，把他妻子侮辱了，丈夫眼睁睁地看着，竟然一声不吭。妻子情急之下便大喊抓贼，冲她丈夫大喊：“你这个愚蠢的人，就为了一块饼，看见贼都不喊？”她丈夫拍手大笑道：“哈！你这个傻女人，饼是我的了，没你的份儿！”人们听说了这件事，没有不笑他们的。

其实世上俗人也是这样。只为了一点小名小利，便刻意假装出安静沉默的样子，内心却受到虚伪、烦恼等种种恶贼般的侵袭困扰，丢弃了真正的佛理，堕入恶道的不归路，竟然还不知道恐怖畏惧，不努力寻找解脱的途径，还在色、声、香、味、触五种贪欲中流连嬉戏，虽然将要遭遇更大的苦难，却不以为患。就好像为了一个饼，竟然纵容贼人恣意妄为的丈夫一样。

[评析]

只看到现实的微名薄利，不惜失去更多财富的例子，生活中比比皆是。为了自己的荣华富贵出卖朋友，丧失了诚信的人格；为了享一时之福而贪赃枉法，丧失了社会和人民的尊重。佛教教义告诉我们，人之所以追逐一时名利，皆是受贪图享乐的欲望驱策，必须认识到眼前的名和利，都是虚妄不真的，没有必要执著贪求而误入迷途。马斯洛的“需要五层次”说指出，人的现实需要由低到高分为生理需要、安全需要、社交需要、尊重需要和自我实现的需要。生理需要作为人的基本欲求，是其他高层次需要实现的前提，但又不会因为高层次需要的实现而完全消失。只有将一切感官欲望和现实名利视为虚幻，才可能从中解脱出来。

68. 共相怨害喻

昔有一人，共他相瞋[①]，愁忧不乐。有人问言："汝今何故愁悴[②]如是？"即答之言："有人毁我，力不能报。不知何方可得报之？是以愁耳。"有人语言："唯有毗陀罗咒[③]可以害彼。但有一患，未及害彼，反自害己。"其人闻已，便大欢喜："愿但教我，虽当自害，要望伤彼。"

世间之人亦复如是。为瞋恚故，欲求毗陀罗咒用恼于彼，竟未害他，先为瞋恚反自恼害，堕于地狱畜生饿鬼，如彼愚人，等无差别。

［注释］

①瞋：对人不满、怪责。②愁悴：形容忧愁憔悴的样子。③毗陀罗咒：毗陀罗，梵文音译，意为起尸鬼。毗陀罗咒是古代印度一种咒术，指先找到一具死尸，用咒语令其站起来，把刀放在他手上，叫他去杀人。事先需准备一只羊，一棵芭蕉树，如果杀不了要杀的人，死尸就回来杀羊、树。否则死尸就会反过来杀那个下咒的人。

［译文］

曾有一个人，和别人结了怨，成天闷闷不乐。有人见状问他："你最近怎么总是这么忧愁憔悴？"他便回答道："有人诽谤伤害我，可我却苦于无力还击，不知该用什么方法可以报复他呢？所以为此愁闷不已！”那个人对他说：“只有用‘毗陀罗咒’借尸杀人的方法可以害他，但这样做有一个危险，如果没能伤害到他，则会反过来伤害自己。”这人听了大喜，说：“希望你能马上教我，即使自己可能会有危险，只要可以伤害他就行了。”

世间之人也是这样。就为了彼此间的嫌隙、怨恨，竟然要学借尸杀人的恶毒咒来加害自己恼恨的人，结果没害到人，因为怨恨导致自己陷入苦恼，并因此走上地狱、畜生、饿鬼三恶道之路。这和想报复别人不惜自残的愚人一样，没有什么差别。

［参考资料］

《经律异相》卷四十四引《譬喻经》：昔有一人于市卖毗耶鬼。欲买鬼者问索几许。鬼主言：“二百两金。”曰：“此鬼有何奇异，乃索尔所金耶？”曰：“此鬼甚巧，无物不为，计一日作，当百人。唯有一病，宜先防护之。”问：“为何等病？”曰：“此鬼欲使作时，昼夜使之，莫令停息。若无作者，便还害主。”主人顾金将归，令作田种，作田种竟，便使木作，木作竟，复使治地，作屋，舂磨，吹爨，初不宁息。数年之中，乃致大富。主人有事，当行作客，忘不处分。而鬼复欲作，无有次第，取主人儿内釜中，燃火煮之。比主人还，子以烂熟。伤切懊恼，知复何言。（《大正藏》第五十三册第二三一至二三二页）

《佛说四十二章经》：佛言，恶人害贤者，犹仰天而唾，唾不污天，还污己身，逆风坌人，尘不污彼，还坌于身。（《大正藏》第十七册第七二二页）

［评析］

“冤冤相报何时了”，执著于怨恨之心，不仅害人，更会害己。佛教告诉我们，应当放下一切嫌隙，以公心、善心、慈悲心善待世间每一个人，以德报怨，修证善果，通达佛境。

69. 效其祖先急速食喻

昔有一人从北天竺[1]至南天竺。住止既久，即聘其女共为夫妇。时妇为夫造设[2]饮食，夫得急吞不避其热。妇时怪之，语其夫言："此中无贼劫夺人者，有何急事，匆匆乃尔，不安徐食[3]！"夫答妇言："有好密事，不得语汝。"妇闻其言，谓有异法，殷勤问之。良久，乃答："我祖父已来，法常速食，我今效之，是故疾耳。"

世间凡夫亦复如是。不达正理，不知善恶，作诸邪行，不以为耻，而云我祖父已来，作如是法，至死受行[4]，终不舍离。如彼愚人，习其速食，以为好法。

[注释]

①天竺：古印度的别称。北天竺，印度北部。南天竺，印度南部。②造设：指做好饭菜。③不安徐食：安，安然；徐，从容。指不能安然从容地吃。④受行：受，佛教名词，五蕴之一，亦是十二因缘之一。指眼、耳、鼻、舌、身、意等六根以及声、香、味、触、法等六尘相接而引起的生理、情绪乃至伦理学方面的种种感受。这些感受分为顺（对个人有利）、违（对个人有害）、俱非（对个人既无利也无害）等三种，从而产生乐、苦、舍（不苦不乐）等三种主观感受。并由此引起人的一系列离苦求乐的活动。受行，指始终在苦恼、欢乐、离舍的境界中度日。

[译文]

从前有个人，从天竺北部到了天竺南部。既然安居下来，就娶了当地一个姑娘，结为夫妻。妻子给他准备了饭菜，他一到手就狼吞虎咽，也不管饭菜多么烫。妻子对此非常奇怪，对她丈夫说："这里又没有强盗来抢你的东西，你有什么急事要吃得如此匆忙？难道不能安然从容地吃吗？"丈夫回答道："这是个秘密，不能告诉你的。"妻子听到这话，以为有什么特殊的原因，急忙追问。问了很久丈夫才回答说："从我的祖父以来，我们家都习惯于快速地吃饭。我现在只是因为效仿他们，所以吃得这么快！"

世间俗人也是这样。并不明白通晓真理，也不能明辨善恶，做了许多恶行却不以为耻，反而用仿效前辈这样的理由来掩饰，直到老仍然经受苦恼、欢乐、离舍的境地，仍然毫不舍弃。正好像那个愚人，不知改变地仿效祖辈快餐方法，还以为是一种很好的习惯。

[评析]

过去的世界与现在的世界相比，已经发生了千变万化。因此传统的东西尽管可能是美好的回忆，在当代的环境中也不能不加改变就完全套用。时移事易，对于传统可以借鉴却不可因循不变。

70. 尝庵婆罗果[①]喻

昔有一长者，遣人持钱至他园中买庵婆罗果而欲食之，而敕之言："好甜美者，汝当买来。"即便持钱往买其果。果主言："我此树果，悉皆美好，无一恶者。汝咽一果，足以知之。"买果者言："我今当一一尝之，然后当取。若但尝一，何以可知？"寻即取果一一皆尝。持来归家，长者见已，恶而不食，便一切都弃。

世间之人，亦复如是。闻持戒施得大富乐[②]，身常安稳，无有诸患，不肯信之，而作是言："布施得福，我自得时，然后可信。"目睹现世贵贱贫穷，皆是先业所获果报[③]，不知推一以求因果，方怀不信，须己自经[④]。一旦命终，财物丧失，如彼尝果，一切都弃。

[注释]

①庵婆罗果：梵文音译，即芒果。②大富乐：大，即能区别、觉知彼此之分的一种智慧或认识能力。大富乐，不可思议的福分快乐。③果报：佛教中指依据所作之"业"而得的报应，现世是前世之业的果报。④自经：自己亲身体验。

[译文]

有一位老人派人拿钱到果园里，买芒果给他吃。他吩咐道：

“一定要挑味道甜美的，没有一个坏的。”那人拿了钱去买果子，果园的主人说：“我这些树上长的果子，全都香甜可口，你只要尝一个，就可以知道了。”买果子的人说：“我现在要每个都尝尝，味道好的就买，如果只尝一个，怎么知道其他的好不好呢？”于是他把所有的果子一一品尝，然后才买回家。老人见了，恶心得要命，全都没吃就扔了。

世间的人亦是如此。听说守持戒律、进行布施就可以得到大富大乐，就能身体健康，心神安怡，没有烦闷狂躁。世人不肯相信，于是说道：“如果布施真能得到福分，我一定要亲身经历之后才会相信。”遍观现世的贫贱富贵，均是前世之业所得的果报，却不懂得用“善有善报、恶有恶报”这一原则去推求各种因果。总是怀着不相信的心理，非要亲身验证才肯相信，可是一旦到了生命将要结束的时候，一切财物却都不能带走，就像那个愚人把所有的果子都一一尝尽，却最后要全部丢掉一样。

[评析]

这则故事提示人们，行事要善于从个别中发现和认识一般的道理。虽然实践出真知，但人受到时空身心之限制，不可能每件事情都亲身经历，所以必须运用归纳、演绎推理，由此及彼地认识现实世界。佛门以“三世两重因果”为必然律、普遍律，劝导人们须在今世行善，以求来世得福报。

71. 为二妇故丧其两目喻

昔有一人，聘取二妇。若近其一，为一所瞋[①]。不能裁断，便在二妇中间正身[②]仰卧。值天大雨，屋舍淋漏，水土俱下，堕其眼中。以先有要[③]，不敢起避，遂令二目俱失其明。

世间凡夫，亦复如是。亲近邪友，习行非法，造作结业，堕三恶道，长处生死[④]，丧智慧眼。如彼愚夫，为其二妇故，二眼俱失。

［注释］

①瞋：怪，抱怨。②正身：指平躺着身体。③以先有要：以，因为；要，约定。因为事先有了约定。④长处生死：指在生死轮回中辗转而始终不得解脱。

［译文］

从前有个人，娶了两位夫人。如果与其中一个亲近些，就会遭到另一个嗔怪。因为无法在两者中权衡所以只好夹在两个夫人中间，平躺着身子睡觉。正好碰上天降大雨，房屋又漏水，雨水夹杂着泥土纷纷落下，砸到他眼中，由于事先有约，所以他不敢起身躲避，最后两只眼睛都失明了。

世间上的凡人，也是这样。与品行不端的人结为好友，学习去做有违佛理的事。其作为所造的“业”，会使得他堕入地狱、畜生、饿鬼三恶道之中，长处于生死流转的苦海而不得解脱，丧失智慧觉悟的双眼，难以通向光明。就像这个愚人，为了两个妻子，搞得双目失明。

［参考资料］

《经律异相》卷四十四引《十卷譬喻经》卷三：昔有一人作两业，有二妇。适指小妇，小妇语言："我年少，婿年老，我不乐住，可往大妇处作居。"其婿拔去白发。适至大妇处，大妇语言："我年老，头已白。婿头黑，宜去。"于是拔黑作白，如是不止，头遂秃尽。二妇恶之，便各舍去，坐愁致死。过去世时，作寺中狗。水东一寺，水西一寺。闻犍椎鸣，狗便往得食。后日两寺同时鸣磬，狗浮水欲渡，适欲至西，复恐东寺食好；向东，复恐西寺食好。如是犹豫，溺死水中。（《大正藏》第五十三册第二三一页）

［评析］

现实之中的人常会面临两难选择，而又总希望鱼与熊掌可以兼得。事实上很多事情不是只在中间取一平均，就可以达到平衡的。儒家的"中庸之道"也并非折中主义，而是强调恰当地选择和处理，不走极端。儒家是主张在鱼与熊掌中取利大者。而这则寓言明确地体现了佛教的观点，即在必要的时候要学会"舍"，学会放下。佛教认为四大皆空，因此对任何事物过于执著迷恋，都是错误的，并会迷失方向，从而难以解脱。

72. 唵[①]米决口喻

昔有一人至妇家舍，见其捣米，便往其所偷米唵之。妇来见夫，欲共其语，满口中米，都不应和。羞其妇故，不肯弃之，是以不语。妇怪不语，以手摸看，谓其口肿，语其父言：“我夫始来，卒得口肿，都不能语。”其父即便唤医治之。时医言曰：“此病最重，以刀决之[②]，可得差耳[③]。”即便以刀决破其口，米从口出，其事彰露。

世间之人，亦复如是。作诸恶行，犯于净戒[④]，覆藏其过，不肯发露，堕于地狱、畜生、饿鬼。如彼愚人，以小羞故，不肯吐米，以刀决口，乃显其过。

[注释]

①唵（ǎn）：含在嘴里。②决之：割开嘴巴。③差耳：治好。④净戒：佛教中有关僧侣日常生活的各种戒法，遵行其法称为“净”。

[译文]

曾经有一个人，到了妻子的娘家，看见妻子在捣米，便趁她不注意时走到她旁边，偷了一把米塞进嘴里。妻子看见丈夫，想跟他说话，可是他满嘴都含着米，所以也不答应。因为怕妻子知道他偷米吃，所以不愿吐出来，也不说话。妻子见状非常奇怪，用手摸了摸又看了看，以为他嘴巴肿了，于是对她父亲说：“我丈夫一来到这里，就突然嘴巴肿得老高，竟然话都不能说了。”她父亲连忙请医生来为他诊治。医生说：“这个病太严重了，必须开刀才可以治好。”于是就用刀割开他的嘴巴，米从嘴里流出来，事情还是败露了。

世间之人，也是这样。做了很多恶劣的事情，违反了清规戒律，却又妄图藏匿掩饰自己的罪过，不愿意自我揭露进行忏悔，最终还是会堕入地狱、畜生、饿鬼三恶道之中受苦的。正像那个愚人，因为害怕被发现偷米吃这小小的羞辱，不肯将米吐出来，以致用刀割开嘴巴，丑行最后还是被发现了。

[评析]

基督教的教义认为，上帝始终存在，无论人从善从恶，上帝都会知道。中国老百姓相信苍天在上，老天有眼，世间自有公理正道。佛门强调已作不失，未作不得，凡因必有果，作恶业无论怎样掩饰都是没有用处的。

73. 诈言马死喻

昔有一人骑一黑马入阵击贼，以其怖故，不能战斗，便以血污涂其面目，诈现死相[①]，卧死人中。其所乘马为他所夺。军众既去，便欲还家，即截他人白马尾来。既到舍已，有人问言："汝所乘马今为所在？何以不乘？"答言："我马已死，遂持尾来。"旁人语言："汝马本黑，尾何以白？"默然无对，为人所笑。

世间之人，亦复如是。自言善好，修行慈心，不食酒肉，然杀害众生，加诸楚毒[②]，妄自称善，无恶不作。如彼愚人，诈言马死。

[注释]

①诈现死相：假装呈现出死的样子。②楚毒：楚，痛苦；毒，恶毒。

[译文]

从前有个人，骑着一匹黑马杀入敌阵迎战。因为他胆小害怕，根本不敢和人作战，便用血涂污自己的脸，装作死亡的样子，躺在死人堆中。他骑的马匹被其他人抢了去。仗打完了，军队也撤离散去了，他想回家，就割了别人的一匹已经死了的白马的尾巴带回来。回到家后，有人问他："你的马现在在哪里？为什么不骑呢？"他说："我的马已经死了，所以只好带着它的尾巴回来。"旁人听了说："你的马明明是黑色的，怎么会有白色的尾巴呢?"他哑口无言，被大家嘲笑。

世间之人，也是这样。自己吹嘘行善积德，修养善心，不吃酒肉，实际上却荼毒生灵，对众生施以折磨和痛苦，假称行善，实则无恶不作。就像那个愚人，谎称马死了一样。

[评析]

黑马是马，白马也是马，然而黑马却不可能有白尾，拆穿了愚人的谎言。这则寓言，不是讥笑愚人阵前装死的胆小畏惧，实际上世间众生不可能拥有完善的品格，用一些手段保全自己也是必要的。但这个愚人为了掩饰自己的胆小，还要刻意假装战马已死，衬托出他英勇杀敌的形象，就好比世间恶人明明作奸犯科，还要装出高尚的模样，可是最后还是难免要被揭穿。

74. 出家凡夫贪利养喻

昔有国王，设于教法：诸有婆罗门等在我国内制抑[1]洗净。不洗净者，驱令策使种种苦役。有婆罗门空捉澡罐[2]，诈言洗净。人为著水，即便泻弃，便作是言："我不洗净，王自洗之！"为王意故，用避王役[3]，妄言洗净，实不洗之。

出家凡夫，亦复如是。剃头染衣[4]，内实毁禁[5]；诈现持戒，望求利养[6]，复避王役；外似沙门，内实虚欺。如捉空瓶，但有外相[7]。

[注释]

①制抑：制，束缚；抑，压。②澡罐：僧人盛洗手洗脸用水的器皿。也称净瓶。澡，本指洗手，后泛指洗涤、沐浴等。③王役：国王下令执行的种种苦役。④染衣：即僧衣，以木兰等色染之，故名染衣。⑤内实毁禁：在心里实际上诋毁禁律。⑥利养：利益、供奉。⑦外相：事物的外部形态。

[译文]

从前有个国王，颁布了一条教规：凡是婆罗门教徒居住在我国境内，都必须将身体洗净。如果有不洗干净的人，就要被驱使去做种种苦工。有个婆罗门教徒，拿着个空的洗澡器皿，假称洗干净了。其他人帮他装了水，他马上又把水倒掉，还这样说："我才不洗呢，要洗就让国王自己去洗吧！"因为国王的命令，用这种手段来逃避苦役，谎称洗干净了，其实根本就没有洗。

一些出家却不好好修行的人，也是这样。剃了头穿上袈裟，可在内心里却对佛教戒律有所诋毁违背；装作持戒守行的样子，只是为了得到一些财利供养，又可以避开国王的劳役而出家；所以外在形象上像个沙门，而心里却充满着虚假欺骗。就好像提着的空水罐，徒有一个外在躯壳而已。

[评析]

佛教的修行，关键是“心”的觉悟，而不在于身上穿着袈裟，或是嘴里诵念佛经。实际上无论在古印度还是在中国，都有很多百姓为了逃避征役或是饥荒，而出家混口饭吃。寺院经济的发展使得沙门可以获得温饱，却导致社会经济丧失大量劳动力。因此中国历史上“三武一宗”灭佛事件，其中一个重要原因就是出于社会经济恢复发展的考虑，迫使佛教沙门离寺返田。而在佛教看来，这些只为营生而遁入空门，内心却不遵佛法的人，是不能修行解脱的。

75. 驼瓮俱失喻

昔有一人，先瓮中盛谷。骆驼入头瓮中食谷，复不得出。既不得出，以为忧恼。有一老人来，语之言："汝莫愁也！我教汝出。汝用我语，必得速出。汝当斩头，自得出之。"即用其语，以刀斩头。既复杀驼，而复破瓮。如此痴人，世间所笑。

凡夫愚人，亦复如是。悕心菩提[①]，志求三乘[②]，宜持禁戒，防护诸恶。然为五欲[③]，毁破净戒。既犯禁已，舍离三乘，纵心极意，无恶不造。乘及净戒[④]，二俱捐舍[⑤]。如彼愚人，驼瓮俱失。

[注释]

①悕（xī）心菩提：悕，原指悲伤。悕心菩提，这里指发愿修证通往涅槃境界的智慧。②三乘：佛教术语。乘，梵文音译。意为"运载"、"运度"，谓能运载众生到达解脱彼岸的工具。三乘指佛教所说的修行方法、途径或教说，有"一乘"、"二乘"、"三乘"的区别。三乘说包括一声闻乘、二缘觉乘、三菩萨乘。此外，一乘说认为人人皆有佛性"立地成佛"、"见性成佛"，三乘归于一乘。③五欲：指能引起众生情欲的色、声、香、味、触等"五境"。④净戒：这里不仅指佛门修行的清规戒律，还指自己的反观修持的自律。⑤捐舍：抛弃、失掉。

[译文]

曾经有个人，他先在瓮中盛满了谷子。骆驼把头伸进瓮中吃谷子，可是头却出不来了。这人十分着急烦恼。有个老人经过，对他说：“你别烦恼了，我教你个方法可以把它弄出来。你听我的话，很快就可以成功了。你应该把骆驼的头砍下来，头不就出来了嘛。”主人听了老头的话，用刀把骆驼的头砍下来，结果不但把骆驼杀死了，连瓮都破了。像这样痴愚之人，被世间人们嘲笑。

世间愚蠢之人，也好像这样。人们发愿修证涅槃，立志追求声闻、缘觉、菩萨三乘正果，那就应该严持戒律。防止各种恶念恶行的发生，可是为了各种享受却不惜破坏清净戒律。不但犯了禁戒，而且也放弃三乘修持方向，放纵自己的情欲，无恶不作。这样就把三乘之路和清净戒律全都抛下了。就好像那个愚人一样，骆驼和瓮都损失了。

[评析]

现实中这种驼瓮俱失的事情不在少数，佛教认为这是因为人们碰到了一定困难总是想到逃避退缩，结果无法实现既定目标，甚至前功尽弃。佛教进一步劝导人们，既然已经决心向佛，就一定要坚持下去，抵御尘世诱惑。

76. 田夫思王女喻

有田夫，游行城邑[①]，见国王女颜貌端正，世所希有。昼夜想念，情不能已。思与交通[②]，无由可遂[③]。颜色瘀黄[④]，即成重病。诸所亲里便问其人："何故如是？"答亲里言："我昨见王女，颜貌端正，思与交通，不能得故，是以病耳。我若不得，必死无疑。"诸亲语言："我当为汝作好方便[⑤]，使汝得之，勿得愁也。"后日见之，便语之言："我等为汝，便为是得。唯王女不欲。"田夫闻之，欣然而笑，谓呼[⑥]必得。

世间愚人，亦复如是。不别[⑦]时节春夏秋冬，便于冬时掷种土中，望得果实，徒丧其功，空无所获，芽茎枝叶一切都失。世间愚人修习少福，谓为具足，便谓菩提[⑧]已可证得，如彼田夫希望王女。

［注释］

①城邑：邑，城市。城邑，文中指国家的京城。②交通：交往、联系。③遂：如愿。④瘀（yū）黄：瘀，指血脉不流通。瘀黄，形容脸色发黄，病态奄奄。⑤方便：这里指方法。⑥谓呼：大声喊道。⑦不别：指不分辨。⑧菩提：佛教名词，指通达涅槃和成佛之路。

［译文］

从前有个农夫到京城游玩，看见国王的女儿容貌漂亮，世上罕有。他日思夜想，对公主的思念之情绵绵不断，难以自持。他冥思苦想，怎样才能和公主交往，可是却无计可施。渐渐地，他因相思忧愁成疾，面黄肌瘦，得了重病。他的亲友们看见这种状况，便问他道："你怎么会成这个样子呢？"他对亲友答道："我上次看见公主容貌秀丽端庄，很想与她交往，可是却苦于不能实现，所以得了病。如果我得不到她，我一定会死的。"亲友们对他说："你放心，我们一定会为你想一个万全之策，让你能如愿以偿。不要再发愁了！"过了几天大家看到他，便对他说："我们为你想了办法，肯定是行得通，但就是公主不愿意。"农夫听了这话，高兴地大喊说他一定能够得到公主。

世间愚人，也是这样。不管春、夏、秋、冬节令的差别，在冬天的时候，就把种子播入土中，希望可以收获果实，这只不过是白费力气，必定一无所获，连芽茎枝叶一切都不会有。世间的愚人，只修习积累了一点善业，就自认为功德圆满具足了，奢望证得智慧觉悟的菩提胜果，就像那位一厢情愿，奢求得到公主的农夫一样可悲。

[评析]

这是一个典型的"癞蛤蟆想吃天鹅肉"的故事。虽然也有很多王子和灰姑娘或是公主和农夫邂逅相爱，最后还能幸福的美丽传说，但佛教清醒地警示世人，不应该沉迷于不现实的幻梦，而应该正视外部条件和内部条件，不应只为一点成就而满足，而应不断修持精进，才能越来越接近菩提正果。

77. 搆[1]驴乳喻

昔边国[2]人不识于驴，闻他说言驴乳甚美，都无识者。尔时[3]诸人得一父驴[4]，欲搆其乳，争共捉之。其中有捉头者，有捉耳者，有捉尾者，有捉脚者，复有捉器[5]者，各欲先得，于前饮之。中捉驴根[6]，谓呼是乳，即便之，望得其乳。众人疲厌，都无所得。徒自劳苦，空无所获，为一切世人之所嗤笑。

外道凡夫，亦复如是。闻说于道，不应求处，妄生想念[7]，起种种邪见。裸形自饿[8]，投岩赴火，以是邪见[9]，堕于恶道，如彼愚人妄求于乳。

［注释］

①搆（gòu）：同“縠”。这里指挤奶。②边国：指边远的国家。③尔时：那个时候。④父驴：指公驴。⑤器：指驴的生殖器。⑥驴根：指驴鞭。⑦妄生想念：妄，虚构、不切实际；想，指凭空生出的想法。⑧裸形自饿：佛教外道，是古印度的两个修苦行的教派。其中裸形外道，指不分春夏秋冬地裸身坐在地上苦修；自饿外道，指为求道宁愿忍饥挨饿。⑨邪见：这里指佛教外道的教义。

［译文］

从前，边远国家的人不知驴是何物，只是听其他国家的人说驴乳的味道十分鲜美，但也从没有尝过。有那么一次，人们得到了一头公驴，于是非常想挤出驴乳来尝尝，都争相上前捉住它。他们之中有捉头的人，有捉耳的人，有提尾的人，有提脚的人，甚至还有人抓住了驴的生殖器。每个人都想先挤出驴乳，好好品尝一番。其中那个抓到驴鞭的人，大喊他找到了乳头，于是拼命挤了起来，希望挤出驴乳。众人折腾得精疲力竭，却都是一无所获。白白劳苦了一番，却毫无成就，遭到所有人的嗤笑。

佛教以外的其他教派信徒，也是如此。只是听说了修道的方法，却不知应该如何修行，而凭空臆造在不应该用功的地方追求，结果造成了许多错误的认识。于是有的裸露身体，有的忍饥挨饿，有的投崖扑火，以为这种种的苦行就能修成大道。按照这些错误的方法修炼，只能堕入恶道，就像那些在公驴身上还指望得到驴乳的人们一样。

[参考资料]

《大智度论》卷二十三：所求不以道，不识事缘，如角求乳，无明覆故。(《大正藏》第二十五册第二三二页)

[评析]

“盲人摸象”的故事大家都很熟悉了，主要说明认识事物不能受主观片面限制的误导。这则挤驴乳的故事中，人们分别抓住驴的头、耳、尾、脚、鞭等不同部分，可是全都犯了一个大错误，即在公牛身上求乳犹如缘木求鱼一样是不可能实现的。仅是自残身体，只修苦行，而没有根本从心上体悟佛法，则不能大彻大悟。道由心悟，心无他途，一知半解却又自以为是，则往往会导致人误入歧途。

78. 与儿期[1] 早行喻

昔有一人夜语儿言："明当共汝至彼聚落[2]，有所取索。"儿闻其语已，至明清旦[3]，竟不问父，独往诣[4]彼。既至彼已，身体疲极，空无所获，又不得食，饿渴欲死。寻复回还，求见其父。父见子来，深责之言："汝大愚痴，无有智慧。何不待我？空自往来，徒受其苦。为一切世人之所嗤笑。"

凡夫之人，亦复如是。设得出家，即剃须发，服三法衣[5]，不求明师谘受道法，失诸禅定道品功德[6]，沙门妙果一切都失。如彼愚人，虚作往返，徒自劳苦，形似沙门，实无所得。

［注释］

①期：约定。②聚落：指村庄、村落。③清旦：清晨。④诣：到。⑤三法衣：指袈裟。其一指僧伽梨，是三衣中最大的，称为大衣，由许多布条拼缝而成，又称杂碎衣，凡入王宫、说法时，必须穿僧伽梨。二是郁多罗僧，是上衣，由七条布制成，又称七条衣。三是安陀会，是下衣或内衣，又称五条衣。⑥禅定道品功德：禅定，修行的实践；道品，指修行的结果；功德，修行后对实践有益的功用。

［译文］

从前有个人，晚上对儿子说："明日白天你和我一起到一个村庄去拿些东西。"儿子听了这句话，第二天清晨，竟然不向父亲请示，就独自前往那个村子。到了那里，他已经疲惫不已，也不知道去拿什么，又没有吃东西，饥渴得要死。他没办法只好回到家中，来见父亲。父亲看见儿子回来，大骂了一顿：“你真是太笨了，一点脑筋都不动。怎么能不等我呢？你白白地跑去又跑回，自讨苦吃，还要遭到大家嘲笑。”

世上之人，也是这样。倘若得以出家，认为只要剃掉头发胡须，穿上佛门三法衣，不必拜师指点修为，向他们请教接受佛法，失去了修行禅定的效果和种种道行及其功德。如此一来，佛门修正践行可得的正果一概丧失。就好像愚蠢的儿子空自往来，白白辛苦，却只是表面上像一个沙门，实际上一无所得。

[评析]

“师傅领进门，修行在个人。”佛教修行之中，自己的修行是成佛与否的关键因素，但如果整个修行都没有得到名师指点，可能会出现三种情况：一是像佛陀一样经过长期体悟而闯出一条成道之路，但具备这种慧根的人毕竟是少数。二是盲目修炼伤及身体甚至他人。三是空有沙门的外形，却没有真正领悟佛理。在佛陀尚未产生的时代，无师自通者称为“独觉”；在佛、法、僧三宝住世的时代，依师参禅、开悟佛理，是修持的正轨。依照佛理，追随高僧开悟者称为“声闻”。但即使有高僧的指点，也要与佛有缘，才能大彻大悟。

79. 为王负机[①]喻

昔有一王，欲入无忧园中欢娱受乐，敕一臣言："汝捉一机，持至彼园，我用坐息。"时彼使人羞不肯捉，而白王言："我不能捉，我愿担之。"时王便以三十六机置其背上，驱使担之，至于园中。如是愚人，为世所笑。

凡夫之人，亦复如是。若见女人一发在地，自言持戒，不肯捉之。后为烦恼所惑，三十六物，发、毛、爪、齿，屎尿不净，不以为丑。三十六物[②]一时都捉，不生惭愧，至死不舍。如彼愚人担负于机。

［注释］

①机：古"几"字。安置席上，可供休息。②三十六物：指体外、身体、体内共三十六种污秽之物。佛教经典上有"凡夫身三十六物不净充满。"《涅槃经·二十四》认为人身由外到内都充满污垢，分为身外部分、身体部分、身体内部各十二种不洁。

［译文］

从前有一个国王，想到"无忧园"嬉游寻乐，命令一位大臣说："你拿一张靠几来，我累了就可以坐着休息。"那位大臣羞于拿靠几，就对国王说："我不能拿，我情愿背着。"于是国王便拿了三十六张靠几，让他背着到了园中。这个愚人被世人嘲笑。

凡夫俗子，也是这样。若是看见一根女人的头发掉在地上，自己告诫要遵守清规戒律，于是不肯捡起来。以后受到烦恼的迷惑，对于人身上三十六种不净之物，比如毛发、爪齿、屎尿之类的污秽之物，就不以为是什么羞惭、不光彩的事物，也不觉得肮脏。对于人身的各种污垢，全部触摸竟没有任何惭愧之心，而且直到死对自身这些污垢仍然不离不弃。就好像这个背着靠几的愚人，不愿拿一个，却情愿背着三十六个靠几一样。

[评析]

佛教和儒家都十分重视内省反求的修养方法。《论语·学而》中提出“吾日三省吾身”，佛家也要求人们常常反观自身污秽，去垢求洁。两者的根本路径是相近的，佛教向内用功的义理在中国传播之后，引起了士大夫们的极大兴趣。此喻还告诉人们，勿以恶小而为之，勿以善小而不为。

80. 倒灌喻

有一人，患下部病①。医言："当须倒灌②，乃可瘥耳。"便集灌具，欲以灌之。医未至顷，便取服之。腹胀欲死，不能自胜③。医既来至，怪其所以，即便问之："何故如是?"即答医言："向时灌药，我取服之，是故欲死。"医闻是语，深责之言："汝大愚人，不解方便④。"即更⑤以馀药服之，方得吐下，尔乃得瘥。如此愚人，为世所笑。

凡夫之人，亦复如是。欲修学禅观⑥种种方法，应观不净，反观数息⑦；应数息者，反观六界⑧。颠倒上下，无有根本，徒丧身命，为其所困。不谘良师，颠倒禅法，如彼愚人，饮服不净。

[注释]

①下部病：指腹部以下的地方得病。②倒灌：指用药水灌肠。③胜：忍受。④方便：方法、道理。⑤更：《丽藏》中作"便"；宋、元、明三藏中均写作"更"。⑥禅观：佛教名词。指禅定与观想并行。禅指禅定，观指观想，与"止观"、"禅智"近义。⑦反观数息：反观，反过来体会学习。数息，即数息观，是一种一心点数吸息出息以镇心神的方法，即静心向内反求的修行方法。⑧六界：又称为六大，指六种周遍一切法界、造成有情无情世界的基本元素。地（骨肉）、水（血）、火（暖热）、风（呼吸）、空（耳鼻直孔）、识

（苦、乐）这六大界合起来构成身体，是有情之人的生存之本。

［译文］

从前有个人，腹部得了病。医生说："必须灌肠，才可能治好病。"于是医生去准备工具，想给他洗肠子。医生还没回来的时候，这个人就自己把药喝了下去。结果，腹部胀得要命，无法忍受。医生来到之后，看到他这副模样十分奇怪，便问道："你怎么会弄成这样的？"他回答说："刚才我把要用来洗肠的汤药喝下去了，所以我痛得要命。"医生听了之后，狠狠地责备他道："你这个大傻瓜啊，一点都不懂药的用法。"于是又开了其他药给他服下，直到使他把喝下的洗肠水吐了出来方才康复。这样的愚人，被人们嘲笑。

世上的凡人，都是这样。想修习入禅的种种方法，应该参悟人生各种污秽的，却反而潜心于计算呼吸的次数，希望这样可以镇住心神以利修行；可是应该计算呼吸次数震慑心神的时候却反而体验地、水、火、风、空、识这六界的不净和假合。这样就本末倒置，颠倒方法，完全不解本质意义。最后只是白白流失了生命的大好时光，受到各种欲望的困扰，不接受高僧的教诲，将禅门修行方法倒置悬挂。就像这个愚人一样，竟然将灌肠的药水也口服下。

［评析］

现实中这种本末倒置、主观愿望与实际效果相反的事情固然可笑，但是不求甚解自以为是就更加是修行者的大忌。佛教的许多修行方法背后都有非常深刻的含义和针对性，如果只是满足于表面文字，便很难达到教义实质的要求。例如禅修并非只在乎外在姿势，而要震慑心神观想人生皆苦，抵御各种欲望的侵染，保持心境澄明。

81. 为熊所啮[①]喻

昔有父子与伴共行。其子入林为熊所啮，爪坏[②]身体，困急出林，还至伴边[③]。父见其子身体伤坏，怪问之言："汝今何故被此疮害？"子报父言："有一种物，身毛耽毵[④]，来毁害我。"父执弓箭，往到林间，见一仙人，毛发深长，便欲射之。旁人语言："何故射之？此人无害，常治[⑤]有过。"

世间愚人，亦复如是。为彼虽著法服无道行[⑥]者之所骂辱，而滥害良善有德之人。喻如彼父，熊伤其子，而枉加神仙[⑦]。

［注释］

①啮（niè）：指动物用牙啃或咬。②爪坏：爪，被动用法。这里指被熊的爪子抓伤。③伴边：这里指同伴的身边。④耽毵（sān）：形容毛发、枝条细长的样子。⑤治：惩治。⑥道行：佛教用语，指遵循佛道或般若智慧而做事。⑦神仙：这里指修道而有所得之人。

［译文］

从前有一对父子，和朋友一起结伴而行。儿子跑进树林里，被熊咬伤，并被它的爪子抓坏了身体，狼狈不堪，费尽九牛二虎之力逃出树林，回到朋友身边。父亲见到他儿子全身被抓伤，惊讶地问他："你这是怎么啦，怎么会伤得如此严重呢？"儿子向父亲报告说："有一个浑身上下长满毛的怪物，就是它把我伤得如此厉害。"

父亲带上弓箭，径直来到林间，只见一个修道之人，也是长着长长的毛发，做父亲的举箭便想射他。同伴说："为什么射他呢？这人又没有做错什么事。你应该去惩治那些伤害你儿子的怪物。"

世间的愚人，也往往是这样的。被那些虽然身披袈裟，又没有修得佛道的人羞辱，却对善良而有德行的人肆意残害。就像这位父亲，是熊伤害了他儿子，可是却错误地要找修行有道的人报仇。

[评析]

残酷害人的熊与年长修道之人在外在形象上同样都是遍身长毛，可是却不能根据这个外在形象无故找修道之人报仇。正像世间就有很多人身披修道的外衣，却与善行背道而驰，甚至蒙蔽世人的心灵，危害社会。因此我们更应该擦亮双眼，明辨是非，讨伐"假道学"，而不应该不分青红皂白把怨恨发泄在真正得道之人的身上。

82. 比种田喻

昔有野人[①]，来至田里，见好麦苗，生长郁茂，问麦主言：“云何能令是麦茂好？”其主答言：“平治其地，兼加粪水，故得如是。”彼人即便依法用之，即以水粪调和其田。下种于地。畏其自脚蹈地令坚[②]，其麦不生。“我当坐一床上使人舆[③]之，于上散种，尔乃好耳。”即使四人，人擎一脚[④]至田散种。地坚逾甚，为人嗤笑。恐己二足，更增八足。

凡夫之人，亦复如是。既修戒田[⑤]，善芽将生，应当师谘，受行教诫，令法芽[⑥]生。而反违犯，多作诸恶，便使戒芽不生。喻如彼人，畏其二足，倒加其八。

［注释］

①野人：指山野之民，如农夫、山民等。②蹈地令坚：蹈，踩。本句指用脚踩在地上，使地变得坚硬。③舆：原指可以载人载物的车、轿等。这里作为动词，指抬、举。④脚：这里指床的脚，即床榻。⑤戒田：据说，曾有农夫向释迦牟尼诘难：“你每天在干什么？”释迦牟尼答：“我的田地是法，我除去的野草是欲望，我的锄头是智慧，我收获的成果是涅槃。”戒田，借指依佛教戒律修行。⑥法芽：指佛教智慧的萌生。

［译文］

从前有个农夫，来到一块麦田里，看见麦苗生长繁盛，郁郁可人，就问麦田主人：“你说怎样才能使麦田长得这样繁茂可人呢?”麦田主人答道：“把土地翻平整，地就很平坦松软，再用粪水浇灌，就可以长成这样了。”那人便按照这方法去做了。他将水和粪调配好了浇到田里，准备在地里播种。他害怕自己的脚踩到地里会让田地变得坚硬，那么麦子就长不出来了。所以他想：“我应该坐在一张床上，让人抬着我，我在上面播种，这样就应该很不错了。”于是他便命令四个人，每人抬着一个床脚，一起到田间播种。结果更多的脚踩在田里使地变得更加硬了，被人们耻笑。只因为担心自己两只脚会把地踩硬，却又增加到八只脚踩到地里了。

世间平庸之人，也是这样。持戒犹如种田，善良的种子就要发芽了，更应该遵照高僧的教诲，接受他的教戒，让善的种子在心中萌芽成长。然而却违背佛法的教义，做了很多违背佛教戒律的事情，导致难以自觉地依照佛教戒律而生。正好像那个人一样，因为担心自己的两只脚踩硬了麦田，可最后却有八只脚把麦田踩得更硬了。

[评析]

这则故事中，麦田比喻人的心田，播种比喻布下智慧、善良的种子，繁盛的麦田比喻佛教的教义和戒律在心中深深扎根，麦田主人的教导比喻佛教高僧的指点。应该说，故事中的“野人”并不是没有遵照良师的指点，反倒是太过执著于要使田地松软，以致害怕自己的脚把地踩硬，最后希望借助外力来改善，结果却适得其反。因此这则故事也强调，修习佛法证得佛果，在遵照高僧指点的基础上，应该充分依靠自性自度，也不能对结果太过执著而迷惑心灵。

83. 猕猴喻

昔有一猕猴，为大人所打，不能奈何，反怨小儿[①]。

凡夫愚人，亦复如是。先所瞋人，代谢[②]不停，灭在过去。乃于相续后生之法，谓是前者，妄生瞋忿，毒恚弥深。如彼痴猴，为大人所打，反瞋小儿。

[注释]

①小儿：儿童。②代谢：佛教认为一切事物都是不断变化的，新旧交替、生灭相续，连绵不断，因此要破除“住”的观念，也要破除“我”的执著。

[译文]

曾有一只猕猴，被大人打了，但又不能对大人报仇，就迁怒于小孩儿，在小孩儿身上出气。

平庸愚蠢之人，也同样是这样的。以前所怨恨的人，随着时光的流逝，已经在过去死亡了。他却根据前后相继的法则，将发生了变化的事物当作是前生的继续，凭空形成冤仇愤恨，并且这种仇恨更加深了。就好像那只痴愚的猕猴，被大人打了，却把怨恨撒在小孩儿身上。

[评析]

这则故事虽然非常简单，其喻意却深刻明晰。小孩子喻指人的后世，不懂得放下仇恨的人会将一点怨隙放大延续，乃至使仇恨之水无休无止。佛教劝诫人们，世间一切皆是假象，仇恨也一样，执著其中只能使自己无法自拔。而懂得放下的人们才能够真正拥有每个崭新的瞬间和当下。在佛教看来，父作不善，子不代受，子作不善，父不代受。佛门不主张血缘传承关系中善恶果报的传递承负，而是主张依三世两重因果，主体生命对自身的善恶行为负责。

84. 月蚀[①] 打狗喻

昔阿修罗[②]王见日月明净[③]，以手障之。无智常人，狗无罪咎，横加于恶。

凡夫亦尔。贪瞋愚痴，横苦其身，卧荆棘上，五热炙身[④]，如彼月蚀，枉横打狗。

[注释]

①月蚀：即“月食”。地球运行到月亮和太阳的中间时，太阳的光正好被地球挡住，不能射到月亮上去，因此月亮上就出现黑影，这种现象叫月食。旧时民间对月食缺乏科学认识，认为月亮被天狗吃了，所以会追着狗打。②阿修罗：佛教六道之一，天龙八部之一。该神在古印度原为与因陀罗争夺天界权力的恶神，经常与天神因陀罗进行战争。佛教认为该神以瞋、慢、疑为生因，其果报殊胜，仅次于诸天。③日月明净：日月，这里偏指月亮，由标题“月蚀”可知。④五热炙身：是一种将身体置于火上煎熬的苦行修炼方法。

[译文]

从前，阿修罗王看见月亮皎洁明亮，就将它遮住。世上的平庸无知之人，以为是狗把月亮吃了，对狗横加折磨，可实际上狗是全无过错，很是无辜。

平常之人也是如此。明明贪念、瞋怨、愚昧、痴妄是修道的最大障碍，却对自己的身体横加苦行，躺在丛生的荆棘之上，甚至置身于火中煎熬，如此苦修就好像人们看见月食，就平白无故地追着狗打一样。

［参考资料］

《楼炭经》卷五：阿修伦天王名罗呼，其体高二万八千里，以月十五日立海中央，海水裁至其脐（肚脐），低头窥须弥罗宝泰山及四方上镇，以指覆日月，天下晦瞑，或覆日，以昼为夜，所谓日月蚀，时厄光明也。

《长阿含经》卷二十：有大阿修罗王名曰罗呵……月十五日入海中央化其形体，下水著脐，上窥须弥，指覆日月。日月天子见其丑行，皆大恐惧，无复光明。游嘱之时，有自然风，吹门开闭，吹地令净，吹华分散……忽自念言：我有威德神力如是，而置忉利天及日月诸天行我头上。誓取日月，以为耳珰。渐大瞋忿，加欲捶之。（参见《大正藏》第五十三册第二三八至二三九页）

［评析］

在佛教看来，迷障在自心，而不在外在，只有扫除自心自性的妄念浮云，才能真正觉悟成道。

85. 妇女患眼痛喻

昔有一女人，极患[①]眼痛。有知识女人[②]问言："汝眼痛耶？"答言："眼痛！"彼女复言："有眼必痛。我虽未痛，并欲挑眼[③]，恐其后痛。"旁人语言："眼若在者，或痛不痛。眼若无者，终身长痛。"

凡愚之人，亦复如是。闻富贵者衰患之本，畏不布施[④]，恐后得报，财物殷溢[⑤]，重受苦恼。有人语言："汝若施者，或苦或乐；若不施者，贫穷大苦。"如彼女人，不忍近痛，便欲去眼，乃为长痛。

[注释]

①极患：形容患病很严重。②知识女人：这里指自认为有知识、有见解的妇女。③挑眼：将眼睛挖掉。④布施：古印度各宗教、哲学派别均崇尚"布施"，认为可以为他人造福，也为自己积累功德，可以作为通达最终解脱的途径之一，小乘佛教有财施、法施之分，这里指施舍财物帮助他人。⑤殷溢：形容十分富裕。

[译文]

从前有个妇女，眼睛痛得非常厉害。一个自认为有见解的妇女问她："你的眼睛是不是很痛啊？"妇女答道："眼睛痛死了！"那个妇女又说："有眼睛就一定会痛的。我的眼睛即使现在不痛，我也想要把它挖掉，免得以后也会痛的。”周围的人说：“眼睛还在的时候可能痛也可能不痛；但要是眼睛没了，就会痛苦一辈子了。”

世间的凡夫愚人也是这样。听说富裕尊贵是衰败患难的本源，担心如果不布施，以后可能会遭到贫穷的报应。尽管现在家中财物丰裕，但感到的痛苦和烦恼就越是深重。有的人说：“你如果把财产布施出去，可能会受苦，但也可能快乐；但如果不布施，就一定会非常痛苦。”正像那个妇女，因为不能忍受一时的疼痛，宁愿把眼睛挖掉，那将会带来终生的痛苦。

[评析]

“布施”是古印度各宗教、哲学派别均十分推崇的，佛教认为“布施”具有无上功德。小乘佛教有“财施”、“法施”之分，认为“财施”将各种财物布施于人，可以破除个人的吝啬和贪心，以免除来世的贫困；“法施”指向人传教说法，使人转识成智，达到解脱。大乘佛教将“布施”与大慈大悲相联系，用于普度众生，故而“布施”的对象遍及一切有情众生。

但是世间之人，却往往难以消解贪念，但又畏惧守财不布施会遭到恶报。佛教用这则故事表明应该抛弃现实利益的执固，放眼长远，积善成德，积善报资粮。

86. 父取儿耳珰[①]喻

昔有父子二人缘事[②]共行，路贼卒起，欲来剥之[③]。其儿耳中有真金珰，其父见贼卒发，畏失耳珰，即便以手挽之[④]，耳不时决[⑤]。为耳珰故，便斩儿头。须臾之间，贼便弃去。还以儿头著于肩上，不可平复[⑥]。如是愚人，为世所笑。

凡夫之人，亦复如是。为名利故，造作戏论[⑦]，言二世[⑧]有二世无，中阴[⑨]有中阴无，心数法[⑩]有心数法无，种种妄想，不得法实。他人以如法论破其所论，便言我论中都无是说，如是愚人，为小名利，便故妄语，丧沙门道果，身坏命终，堕三恶道。如彼愚人，为少利故，斩其儿头。

[注释]

①耳珰（dāng）：戴在耳垂上的一种装饰品。②缘事：因为有事。③剥之：这里指抢夺他们的财物。④挽之：挽，指用手拽或拉。⑤耳不时决：这里指不能一下子把耳环从耳朵上拽落下来。决，决口、脱离。⑥平复：复原。⑦戏论：指荒诞不经、对修道成善没有意义的论证。⑧二世：指现世与后世。⑨中阴：佛教名词。梵语音译，又作中有、中蕴、中阴有等，为“四有”（中有、生有、本有和死有）之一。佛教认为在人的此生结束与来世到来之间，有一个中间有情的状态，即中阴，以此说明因果报应的教义。⑩心数法：心数，心所的别名，心所不一，故有数量。心数法，指佛教的心法，指认通过思维活动的修行。据《秘藏宝钥》记载：“心王自在，得本性之水。心数客尘，息动浊之波。”

[译文]

从前有对父子，因为有事两人一起上路，在路上突然遇到强盗，要来抢他们的财物。那个儿子的耳朵上戴的是真金的耳环，他父亲看见强盗突然出现，害怕耳环被抢去，于是就用手来拽耳环，可一时又拽不下来。为了保住耳环，竟然把儿子的头砍了下来。这样一来，强盗们眨眼间就都逃跑了。而这个父亲仍然把儿子的头放在肩上，却再也接不上去了。这个愚蠢的父亲，大家都嘲笑他。

现实中平庸愚蠢之人，也是这样的。只为了追求功名利禄，而萌生了许多无益于修道成善的奇谈怪论，随意说今生、来世存不存在，说中阴身的有无，人的意识可不可能达到清明澄净的境界，这些错误的想法都没有领悟佛法之真谛，其他人以佛法的论证攻破这些论调，便说："我们的观点中，从来没有这种奇谈怪论。"像这样的愚人，只为了蝇头小名小利，就随意胡言乱语，丧失了佛门正果。最后身体残破生命终结，还要经历地狱、饿鬼、畜生三种恶道的苦难。正如那个愚蠢的父亲，只为了一些小利，把自己儿子的头砍了下来。

[参考资料]

《三慧经》：山中揭鸟，尾有长毛，毛有所著，便不敢复去，爱之恐拔，覆为猎者所得，身为分散，而为一毛故。(《大正藏》第十七册第七〇三页)

[评析]

"虎毒不食子"，这个父亲为了保住金耳环居然把儿子的头砍了下来，故事中的父亲十分残忍，但是也最深刻地揭示了名利的诱惑可以使人丧失本性，迷失自我。人在社会上生存，出于自我实现的需要对名、利有所追求是在所难免的，但是名、利不是人生的全部，在佛教看来名利更是一种虚无的不真实的存在，人们如果为了名利而放弃佛法的追求是大错特错的。而儒家虽然提倡积极入世，但所谓名利的追求是建立在道德理性的基础之上的，必须常以道心主宰人心。此喻警示人们，需以大事因缘为重，以清净智慧明晓什么是最重要的，什么是最有意义的，什么是最值得的。人生不应成为物欲的奴隶、金钱的奴隶、资本的奴隶，不应舍本求末，否则将迷失人生、异化人性。

87. 劫盗分财喻

昔有群贼共行劫盗，多取财物，即共分之，等以为分[①]。唯有鹿野钦婆罗[②]色不纯好，以为下分[③]，与最劣者。下劣者得之恚恨，谓呼大失。至城卖之，诸贵长者多与其价，一人所得倍于众伴，方乃欢喜，踊悦无量[④]。

犹如世人，不知布施有报无报，而行少施[⑤]，得生天上，受无量乐。方更悔恨，悔不广施。如钦婆罗后得大价，乃生欢喜。施亦如是，少作多得，尔乃自庆[⑥]，恨不益焉。

［注释］

①等以为分：指把财务平均分成若干份。分，同份。②鹿野钦婆罗：鹿野，佛教圣地。相传释迦牟尼得道成佛后曾在这里初转法轮，为第一批五位弟子宣讲佛法，佛教从此佛、法、僧三宝齐备。钦婆罗，指细羊毛织成的衣服，一般是佛教外道所穿。③下分：最下等的一份。④踊悦无量：踊悦即踊跃，形容高兴得手舞足蹈的样子。无量，无法估量。⑤少施：古印度各宗教、哲学派别均崇尚“布施”，认为可以为他人造福，也为自己积累功德，可以作为通达最终解脱的途径之一，小乘佛教有财施、法施之分，这里指施舍财物帮助他人。少施，即指有限的布施。⑥自庆：暗自庆幸。这里指为自己曾经帮助过别人而得到福报而庆幸。

［译文］

从前有群盗贼，结伙打劫，抢得了很多财物，便把财物平分成若干份，大家一起分赃。只有鹿野出产的毛衣颜色不好，便将其分给了地位最低的一人。这个人分得衣服之后很是气愤，大喊吃亏了，于是拿到城里集市上去卖。很多尊贵的人都争相出高价购买，他一个人得到的钱是其余众人的几倍。他这才大喜，高兴得不得了。

这好比世俗之人，他们不知道布施究竟会不会得到福报，只是做了一点善事，便得以往生天界，享受到无尽的幸福快乐，这才更加悔恨，后悔当初为何不广施恩德。就像毛衣后来被卖了大好的价钱才高兴。布施也是这样，只是一点善事就得了如此大的福报，方才自我庆幸，也后悔为什么不再多做些善事。

[参考资料]

《众经撰杂譬喻经》卷下第二十八则：昔有导师入海采宝。时有五百人追之共行。导师谓曰："海中有五难：一者激流，二者洄波，三者大鱼，四者女鬼，五者醉菓。能度此难乃可共行。"众人要讫，乘风入海，到宝渚，各行采宝。一人不胜菓香，食之，一醉七日。众人宝足，飙风已到，欲严还出，鸣鼓集人，一人不满，四布求之，见卧树下，醉未曾醒。共扶来还，折树枝拄之，共归还国。

家门闻喜，悉来迎逆。醉者见无所得，独甚愁戚。醉人不乐，拄杖入市，市人求价，乃至二万两金，其人与之。问："杖有何德?"曰："此为树宝，捣烧此杖，熏诸瓦石，悉成珍宝。"(《大正藏》第四册第五三八页)

[评析]

佛教认为种善因可得善果，并用此勉励世间之人多做善事，从而使来生得到福报，甚至免受六道轮回之苦。这也是佛教的社会伦理教化功能之一。但是，只为求福报而种善因，只为求得更多的福报而后悔当初为何不多种些善因，这实质上是一种功利态度、势利心态，并非内在自觉的行为，也没有修得自性清净心。此喻启示人们，对于布施要摆脱功利目的，扫除患得患失的心态，真正做到"无相布施"。

88. 猕猴把豆喻

昔有一猕猴，持一把豆，误落一豆在地，便舍手中豆，欲觅其一。未得一豆，先所舍者，鸡鸭食尽。

凡夫出家[①]，亦复如是。初毁一戒而不能悔[②]。以不悔故，放逸滋蔓[③]，一切都舍。如彼猕猴，失其一豆，一切都弃。

[注释]

①出家：原泛指出家离庭，抛弃妻子、财产、名誉、地位等一切世俗之累、静修解脱之道。本为古印度的一种遁世习俗，盛行于婆罗门教与诸沙门派别之中。初期佛教认为出家利于修行，所以提倡出家。其后佛教的寺院出现并且逐渐壮大，继而成为僧人定居的场所，出家即进入寺院修行，剃除须发、披上袈裟，并受持戒律。大乘佛教对形式上的“身出家”不十分拘泥，而更强调“心出家”，修菩提心。②悔：悔过，佛教中指对以往的过错、罪恶反思悔过，并致力于修习未来善行。③放逸滋蔓：放逸，指散漫、不守规矩的行为。滋蔓，滋长蔓延。

[译文]

有一只猕猴，手中捧着一把豆子，不小心把一颗豆子掉在地上，于是将丢掉手中的其他豆子，想去捡那颗掉了的豆子。结果掉的那颗豆子没找到，之前放下的一把豆子都被鸡鸭吃光了。

凡夫俗子出家修行，也是这样。起初违反了一条戒律却不知悔过警戒。因为没有忏悔改过，便更加肆意妄为，一切戒律都被他僭越。就像那只猕猴，丢了一颗豆子，却把所有的豆子都放弃了。

[参考资料]

《旧杂譬喻经》卷上：昔有妇人，富有金银，与男子交通，尽取金银衣物相遂俱去。到一急水河边，男子语言："汝持财物来，我先度之，当还应汝。"男子度已，便走不还。妇人独住水边，忧苦无人可救。唯见一野狐，捕得一鹰，复见河鱼，舍鹰拾鱼。鱼既不得，复失本鹰。妇语狐曰："汝何太痴，贪捕其两，不得其一。"狐言："我痴尚可，汝痴剧我也。"(《大正藏》第四册第五一四页)

[评析]

人非圣贤，孰能无过？无论是人的成长经历，还是世间万物都具有丰富多样的层次，而且不可能十全十美。再完美的玉石也会有瑕疵，再崇高的圣人也会有不足。但是不应该因为小错而否定全局，更不应该为了小错而放弃全局。君子不贰过，佛教修行也是这样，违反戒律固然不应该，那就更应该忏悔过错，更努力地修习佛法，而不能自暴自弃，放纵自己。

89. 得金鼠狼喻

昔有一人，在路而行，道中得一金鼠狼，心中喜踊①，持置怀中，涉道而进。至水欲渡，脱衣置地，寻时②金鼠变为毒蛇。此人深思，宁为毒蛇螫杀③，要当怀去。心至冥感④，还化为金。旁边愚人见其毒蛇变成真宝⑤，谓为恒尔⑥，复取毒蛇内著怀里，即为毒蛇之所蛆螫，丧身殒命。

世间愚人，亦复如是。见善获利，内无真心，但为利养来附于法⑦，命终之后，堕于恶处⑧，如捉毒蛇，被螫而死。

［注释］

①喜踊：形容欢喜雀跃的样子。②寻时：转眼间，不一会儿。③螫（shì）杀：这里指被毒蛇咬死。④冥感：指诚心地感到了冥冥之中的鬼神。⑤真宝：这里指真的黄鼠狼。⑥恒尔：恒，永久的。尔，这样。这里指旁边余人认为毒蛇永远都会变成真金黄鼠狼。⑦法：指佛法。⑧恶处：指地狱、饿鬼、畜生三恶道。

［译文］

从前有个人在路上走，途中捡到一个金子做的黄鼠狼。他满心欢喜，抱在怀里，继续向前走。来到河边想渡河过去，就脱下衣服放在地上，眨眼间金鼠狼忽然变成了一条毒蛇。这个人想了很久，决定即使被毒蛇咬死，也要放在怀里带它渡河。因为诚心感动了神灵，毒蛇又化为真金了。周围的愚人，看见毒蛇变成真金以为这是必然事实，也拿了条毒蛇放在怀里，立刻被毒蛇咬了，顿时丢了性命。

世间的愚人，都是这样的。看到做善事获得好报，自己不愿付出做善事的真心，只为获得财利供养，才来依附佛门善法，最后死了却堕入恶道。就像抓了毒蛇放在怀里被咬死一样。

[评析]

只有真正的善心善行才能获得福报，而只为了利益而无诚意地皈依佛门，最后只能堕入地狱。这就警戒人们不能将佛教的果报思想作功利式的理解，而只有诚心向佛才能觉悟道。与外在布施的行为相比，佛教更强调的是心性觉悟。

90. 地得金钱喻

昔有贫人，在路而行，道中偶得一囊[①]金钱，心中大喜跃，即便数之。数未能周[②]，金主忽至，尽还夺钱。其人当时悔不疾去[③]，懊恼之情，甚为极苦。

遇佛法者，亦复如是。虽得值遇三宝福田[④]，不勤方便，修行善业，忽尔命终，堕三恶道。如彼愚人，还为其主夺钱而去。如偈[⑤]所说：

今日营此业，明日造彼事。
乐著[⑥]不观苦[⑦]，不觉死贼至。
匆匆营众务，凡人无不尔。
如彼数钱者，其事亦如是。

[注释]

①囊：口袋，这里用作量词。②周：一周，即一遍。③疾去：疾，快、迅速。疾去，这里指快点离开。④三宝福田：三宝，佛教对佛、法、僧三者的尊称。“佛”即佛教创始人释迦牟尼，也泛指一切佛；“法”即佛教教义；“僧”指继承、宣扬佛教教义的僧众。三宝也泛指佛教。福田，耕耘福分之田，比喻信奉佛教的人只要坚持诚心修行，就能收获福报。⑤偈（jì）：佛典中的唱词，概括表达佛理，也称“颂”。⑥乐著：指对人生的快乐非常执著。⑦不观苦：指不能正确认识观照人生苦恼的原因，也没有体悟解脱的办法。

[译文]

从前有个穷人，在路上走着，忽然途中捡到了一袋金子。他心中狂喜，于是立刻数了起来。还没等他把金子全部数一遍，金子的主人突然寻找过来了，把钱全部夺了回去。这个穷人当时便非常后悔为何不赶快离开，懊恼的心情，使他痛苦不已。

有机会接触佛法教导的人，也是如此。虽然遇到了佛、法、僧三宝的功德福田，如果不尽心尽力，不极力修行善业，到了生命忽然终结的一天，仍将堕入地狱、饿鬼、畜生三种恶道中。就像那个愚人，捡到了金子却因为数金子而被主人夺回了钱。正如佛偈所唱的那样：

今日做这种业，明天做那件事。

沉迷于快乐而不体悟痛苦根源，不知不觉就到了死亡之期。

在尘世杂务之间匆匆度日，世间凡人没有不是这样的。

就像忙着数钱又失去的人，人生中许多事也都是如此。

[评析]

人生如梦，匆匆数十载，尘世中的人常被俗务缠身，停留在世俗的喜怒哀乐、利害得失之中。在佛教看来，芸芸众生忙忙碌碌，可却不肯停下脚步参悟人生真谛。即使机缘巧合下得到佛门的教式，却不肯认真消化吸收。结果，就像捡到金子又失去一样，只能与佛门智慧擦身而过。

91. 贫人欲与富者等财物[①]喻

昔有一贫人，有少财物。见大富者，意欲共等。不能等故[②]，虽有少财，欲弃水中。旁人语言："此物虽尠[③]，可得延君性命数日，何故舍弃掷著水中？"

世间愚人，亦得如是。虽复出家。少得利养，心有希望，常怀不足，不能得与高德者等获其利养。见他宿旧有德之人[④]，素有多闻[⑤]，多众[⑥]供养，意欲等之。不能等故，心怀忧苦，便欲罢道[⑦]。如彼愚人欲等富贵者自弃己财。

［注释］

①等财物：等，均等。等财物，使财产和他人相等。②故：缘故、原因。③尠：即鲜（xiǎn），少。④宿旧有德之人：宿旧，指长期以来就有的。这句指那些经过长期修行而颇有功德之人。⑤多闻：指广泛信奉学习佛教的教义道理。⑥多众：指信众的数量众多。⑦罢道：指对修行作罢，放弃佛道修行。

［译文］

从前有一个穷人，有一点儿财物。他见到非常富有的人，就想和他拥有一样多的财物。由于不可能使自己的财产达到和富人一样多，他也想把仅有的一点财物丢到水里去。周围的人对他说："这些财物虽然很少，但是却足以维系你几天的生计。为什么平白无故地把它们丢到水里去啊？"

世间的愚蠢之人，也是这样的。即使能够踏入佛门修行，得到了一些财利供养。可是心中却常常存在更多的希望，对现实状况心中并不满足，因为不能够获得和德高望重的高僧一样多的财利供养。见到那些因为长期修行而已颇有功德的人，一直受到许多信众的敬仰爱戴，传教说法有很多听众，得到很多尊敬、供养，便一心想能和他们一样。而因为不能达到这种要求，内心充满了忧思苦恼，于是就想要干脆放弃已有的修行成果。正好像那个愚蠢的穷人，无法和富人拥有一样多的财物，就想要把自己仅有的财产扔掉。

[评析]

这则故事，将富人拥有非常多的财产比喻长期修行之人德高望重，将穷人很少的财产比喻初修佛道者修行甚浅。而穷人和初修佛道者都有一个远大的理想，就是希望与富人或德高望重的高僧能并驾齐驱。其实，人都应该有理想，应该看到别人的长处和自己的不足，从而为自己确立奋斗的目标。所不同的是，这种远大理想的实现不是一朝一夕就能完成的，而是要建立在自己付出的更大努力和旷日持久的修行基础之上的。只要不断在原有基础上努力，那么取得的每一步成果都是在不断地与自己的目标接近。幻想一步登天固然可笑，但因为达不到目标而放弃现有的果实就更愚蠢了，那样只会离自己的目标更加遥远。其实佛教教义已经指出，世间万物都是不断流动变化的，眼光不应该只停留在当下的差距，而应脚踏实地为远大目标而努力。佛教修行也是这样的，高僧的今日功德，乃是长期精进修行不断体悟的结果。觉悟之路无止境，向善之路有阶梯，学人当见贤思齐，不悲观失望，又不急功近利，精诚所至，终成正果。

92. 小儿得欢喜丸喻

昔有一乳母抱儿涉路[①]，行道疲极，眠睡不觉[②]。时有一人持欢喜丸授与小儿。小儿得已，贪其美味，不顾身物。此人实时解其钳锁[③]、璎珞[④]、衣物，都尽持去。

比丘亦尔。乐在众务愦闹之处[⑤]，贪少利养，为烦恼贼[⑥]夺其功德、戒宝、璎珞[⑦]，如彼小儿贪少味故，一切所有，贼尽持去。

［注释］

①涉路：这里指长途跋涉走远路。②不觉（jué）：无知觉、没有意识。③钳（qián）锁：只戴在颈子上的金属饰物，如金锁、项圈等。④璎珞（yīng luò）：古代用珠玉穿出的戴在颈项上的装饰品，如玉佩等。古人将这些挂在小孩的身上，可以祛邪挡灾，保佑孩子成长。⑤愦（kuì）闹之处：指混乱热闹的地方，这里指纷繁熙攘的俗世。⑥烦恼贼：将烦恼比成贼，比喻尘世的欲望带来的烦恼会将修行所得偷走。⑦功德、戒宝、璎珞：将佛家修行之功德比为珠玉等珍贵之物。

［译文］

从前有位奶娘，抱着一个小孩儿长途跋涉，走路走得疲倦非常，不知不觉之间在路上休息着就睡着了，浑然一点意识都没有。这时有一个人拿了欢喜饼来给小孩子吃。小孩儿一吃，觉得非常美味，于是就只顾吃饼不管自己身上的其他东西了。这个人立刻便把孩子脖上戴着的金玉饰物全部解下来拿走了。

有些出家僧人，也是如此。他们喜欢在烦杂喧闹的俗世中混迹，为了贪图那一点很少的财利供养，却被心中无尽的欲望困扰烦恼，以致丢失了如珠宝一样珍贵的修持功德。就像那个小孩一样，只因为贪恋一点美味的食品，而被盗贼把身上一切值钱的东西都抢走了。

［参考资料］

《佛说四十二章经》：财色之于人，譬如小儿贪刀刃之蜜，甜不足一食之美，然有截舌之患也。(《大正藏》第十七册第七二三页)

《无名罗刹经》：如蝇堕蜜，得味甚寡，所失甚多。(《大正藏》第十六册第八五四页)

《大庄严经论》卷七：譬如婴孩者，捉火欲食之，如鱼吞钩饵，如鸟网所覆，诸兽坠井陷，皆由贪味故。(《中华大藏经》第二十九册第六六四页)

［评析］

佛教告诉人们，真正上当受骗的，不是外人的花言巧语，正是这些诱惑与人们内心深处的感性欲望不谋而合，欲望就势不可挡地膨胀，掩盖了智慧的双眼。所以要避免这种现象，只有使人们心中的欲望受到控制，洞悉一切感官享受只不过是过眼云烟，那些贪恋尘世却又不能自持的修行者，也是丢弃了佛家最为强调的自性清净之心，才会被尘世的欲望烦恼迷失方向。

93. 老母[①]捉熊喻

昔有一老母在树下卧，熊欲来搏[②]。尔时老母绕树走避，熊寻后逐，一手抱树，欲捉老母。老母得急，即时合树捺熊两手[③]，熊不得动。更有异人[④]来至其所，老母语言："汝共我捉，杀分其肉。"时彼人者信老母语，即时共捉。既捉之已，老母即便舍熊而走。其人后为熊所困。如是愚人为世所笑。

凡夫之人，亦复如此。作诸异论[⑤]，既不善好，文辞繁重，多有诸病，竟不成讫[⑥]，便舍终亡。后人捉之，欲为解释，不达其意，反为其困。如彼愚人代他捉熊，反自被害。

[注释]

①老母：指老太婆。②搏：扑上去抓。③合树捺（nà）熊两手：合树，指两手合抱住树。捺，按住、抑制。这里指老婆婆将熊合抱树身的两只爪子按住。④异人：另外一个人。⑤异论：指不合常理的异端邪说。⑥讫（qì）：了结，完毕。

[译文]

有一位老太婆，躺在树底下休息。突然，有一只狗熊跑来抓她，她当时连忙围着大树绕圈躲避，熊也立即跟在她身后追赶，并且一只手抱着树身，另一只手就来抓老婆婆。老婆婆见情势危急，情急之下便将熊的两只手都按住，熊抱住树动弹不得。这时又有另外一个人来到这个地方，老婆婆对他说："你帮我一起捉住熊，到时候把它杀了我们俩一起分肉吃。"这个人信以为真，便依照老婆婆的话，马上过来一起按住熊手，等他把熊按住之后，老婆婆就立即丢下熊自己跑了。这个人于是就取代老婆婆，被熊困住。这样的愚人，被人们嘲笑不已。

其实世间有很多人，也都是这样的。平白无故地编造出一些奇谈怪论，不仅逻辑不清不楚，语言文字也很繁冗累赘，有很多推理的毛病，也没有全篇写完，于是丢下文稿不管，最终亡佚散失。如果后人得到这文章，想要为之解说，由于不能通晓它的意思，反而被它困住。正像那个愚人，替别人抓住熊却反而令自己陷入困境。

[评析]

此喻诫示人们：要获得清净智慧，不能偏听偏信，妖言惑众，妄言乱心，信受外道怪论，必将走向误区，陷入困境。

94. 摩尼[1]水窦[2]喻

昔有一人，与他妇通[3]。交通未竟，夫从外来，即便觉之，住[4]于门外，伺[5]其出时，便欲杀害。妇语人言："我夫已觉，更无出处，唯有摩尼可以得出。"胡以水窦名为"摩尼"，欲令其人从水窦出。其人错解谓摩尼珠，所在求觅，而不知处。即作是言："不见摩尼珠，我终不去。"须臾之间，为其所杀。

凡夫之人，亦复如是。有人语言："生死之中，无常苦空无我，离断、常二边[6]，处于中道[7]，于此中过，可得解脱。"凡夫错解，便求世界有边无边[8]及以众生有我无我，竟不能观中道之理，忽然命终，为于无常[9]之所杀害，堕三恶道。如彼愚人推求摩尼，为他所害。

[注释]

①摩尼：《丽藏》中原有注为："摩尼者，齐云水窦孔也。"除了水窦孔这层意思之外，还是一种珠宝的名称，这种珠宝出自龙王脑中，并能令人百毒不侵，不怕火烧，后引申为珠宝的总称。故事中的那个人理解的是后一种意思，想凭珠宝免遭杀害，所以想寻找到才能离开。②水窦：水道、孔穴。③通：指私通、通奸。④住：停留，这里有把守的意思。⑤伺：等候、等待时机。⑥离断、常二边：抛弃断、常两种认识的偏见。所谓的"断见"，指人们只看到事物的现在状况，而看不到它的过去、未来，认为它是一种断灭不续的

存在。所谓的“常见”，指人们将事物看作是永恒存在因而倍加执著的观点，以“我”为永恒的实体。断见、常见均是有悖于“中道”认识的。⑦中道：指的是不执著“两边”、不走极端的正确道路，相当于“正道”，是佛教绝大多数派别共持的一种立场，也是佛教能够兼容并蓄、调和适应的一大原因。⑧有边无边：佛教认为一切事物皆因缘和合而成，具体的事物是有边的；但一切事物并没有自性，只是各种因缘条件的短暂聚合，所以称之为无边。这里指常人错误地将佛教对事物自性的判断，当作世界有无边界的讨论。⑨无常：佛门术语。指世间一切事物都在忽生忽灭，没有一种一定的相貌。就绝对的变化而言，称之为“刹那无常”；就相对的持续而言，称之为“相续无常”。

[译文]

从前有个人，和别人的妻子私通。他们通奸还没有结束的时候，妇人的丈夫从外面回来，立刻察觉到这件事，便站在门口把守住，准备等他出来的时候，就把他杀了。妇女对那个人说：“我丈夫已经发现了这件事，这里已经没有别的出路了，只有摩尼才可以逃出去。”胡人把水沟叫作摩尼，是想要叫他从水沟里逃出去。那个姘夫误解了，以为说的是摩尼珠，就到处寻找，却不知在哪里。于是自言自语道：“我找不到摩尼珠，就永远不离开。”没过多久，他就被妇女的丈夫杀掉了。

世间的普通大众，也都是这样的。有得道之人说过这样的话：“在生死轮回的过程中，没有永恒存在的东西，所有的苦恼都是因为太过执著而不懂‘万法皆空’的本性造成的，因此要破除对‘我’的执著，因为也没有永恒不变的自我存在。佛理认为应该抛弃任何偏执极端的认识，既反对把万物看作是绝对断灭不续的存在，也反对把万物看作是绝对永恒不变的存在，而要采取中道的态度，在这样的中道观念的指导下，方才能从苦海中解脱出来。”但是世间之人却对此错误地理解，于是沉浸在对世界有无边际，以及芸芸众生是否有主体性等问题的分辨中，始终不能够参透“中道”的蕴意，到了生命结束的时候，被无常索命杀害，堕入地狱、饿鬼、畜生三恶道之中。正像那个愚人，只知道去寻找摩尼珠，结果被别人杀死了。

[评析]

中道观启发人们破除对世间万物的执著，破除偏见。这则故事中愚人在性命攸关的时刻仍然寻找百毒不侵的“摩尼珠”，就是一种名相的执著；而他根本没有悟到原来被他忽视的“水道”却正是一条获得自由的捷径。现实中的人们正是由于被自己的固有观念、名相所束缚，往往会忽视那些能够真正通向解脱的道路。

95. 二鸽[①]喻

昔有雌雄二鸽，共同一巢，秋果熟时，取果满巢。于其后时，果干减少，唯半巢在。雄瞋[②]雌曰："取果勤苦，汝独食之，唯有半在。"雌鸽答言："我不独食，果自减少。"雄鸽不信，瞋恚而言："非汝独食，何由减少？"即便以嘴啄雌鸽杀。未经几日，天降大雨，果得湿润，还复如故。雄鸽见已，方生悔恨："彼实不食，我妄杀他。"即悲鸣命唤[③]雌鸽："汝何处去？"

凡夫之人，亦复如是。颠倒在怀[④]，妄取欲乐，不观无常，犯于重禁[⑤]，悔之于后，竟何所及。后唯悲叹，如彼愚鸽。

[注释]

①二鸽：《大正藏》中作"一鸽"。本书据《丽藏》（金陵刻经处），两者内容相同，"二鸽"即文中的雌雄鸽各一只。②瞋：嗔怪、责骂。下文的"恚"也是怨恨的意思。③命唤：形容极力呼唤。④颠倒在怀：指心中不能明辨是非，还颠倒黑白。⑤重禁：违反了非常重要的禁戒，后果严重。

[译文]

从前有雌、雄两只鸽子，一起住在一个巢穴之中。秋天果实成熟的时候，它们衔了很多果子直到堆满了一窝。后来，果子因为变干而看起来减少了，只剩下半窝。雄鸽狠狠地责备雌鸽说："我衔果子辛苦得不得了，可是你却一个人自己享用，只剩下一半了。"

雌鸽委屈地说："我没有偷吃啊，果子是自己减少的。"雄鸽不相信，凶恶地对雌鸽说："如果不是你吃的，果子怎么会自己减少呢？"于是就用嘴猛啄雌鸽，将它啄死了。没过几天，倾盆大雨从天而降，果子淋湿了之后又恢复了以前的样子，胀起来还是满满一窝。雄鸽看见这种情况，方才心生悔恨之意，心想："她确实没有自己偷吃，我错杀她了。"于是发出非常凄惨悲凉的叫声，呼喊雌鸽："你在哪里啊？你在哪里啊？"

世间凡夫俗人也是如此。心中颠倒黑白，不辨是非，求取不应贪恋的五欲之乐，却没有参悟万物没有永恒存在的道理。犯了杀、盗、淫、妄这些重大禁戒，等到产生恶报后才感动后悔，可哪里还来得及呢！而只有长声悲叹，就像那只愚蠢的雄鸽一样。

[评析]

这则寓言通过雄鸽因没有认清事情真相，犯下难以弥补的过错这个凄惨的故事，非常有力地说明了人们根据自己的感官得出的判断是多么可怕。实际上，把握事物千变万化的真实面貌是极其困难的事情，如果只凭自己有限的认识和判断，可能会犯下不可饶恕的错误。人与人相处，彼此信任固然十分重要，但维系信任的纽带确实是十分脆弱的，大千世界的任一细微变化都可能斩断这根脆弱的纽带。万物的表象往往迷惑人的心智。清净佛智，可以使人洞悉万物的真实相状。

96. 诈称眼盲喻

昔有工匠师，为王作务[①]，不堪其苦，诈言眼盲，便得脱苦。有馀作师[②]闻之，便欲自坏其目，用避苦役。有人语言："汝何以自毁，徒受其苦？"如是愚人，为世人所笑。

凡夫之人，亦复如是。为少名誉及以利养，便故妄语，毁坏净戒[③]。身死命终，堕三恶道。如彼愚人，为少利故，自坏其目。

[注释]

①作务：干活。务，事务、工作。②馀作师：指其他为国王干活的工匠师。③净戒：修持清澄纯净的言行、思想，维护戒律的自觉行为。与"不净戒"相对。

[译文]

从前有一位工匠师傅，为国王干活，因为忍受不了繁重的苦役，诈称眼睛瞎了，于是得以摆脱这份苦差事。另外一位为国王干活的师傅听说之后，便想把自己的眼睛弄瞎，以此方法逃避这份苦差。有人对他说："你又何必自己弄瞎眼睛，白白使自己受失明的痛苦呢？"这种愚人，被大家嘲笑。

凡夫之人，也是如此。只为了一点声名赞誉以及财利供养，便信口开河、说谎骗人，破坏佛门清净的戒律。到了身死命终，还会堕入地狱、饿鬼、畜生三恶道之中。就像那个愚人一样，只为了一点功利，居然想自毁双目。

[评析]

这则故事容易给人误解，作者对“东施效颦”的“馀作师”挖苦嘲笑，却忽视了对诈称眼盲而逃避苦差的第一位工匠。如果说第二位工匠为了一点利益而自残身体要堕入三恶道，那么第一位匠师同样为了一点利益而妄加诳语，罪孽更重。如果将佛法修行亦比成是一件历经千难万苦才能完成的事情，那么如果有修行者因为不能承受这种苦修而用欺诈手段，甚至让其他修行者信以为真而仿效，那么就造下更大的恶业，更应进入三恶道之中。

97. 为恶贼所劫失氎[1]喻

有二人为伴，共行旷野。一人被一领氎，中路为贼所剥[2]，一人逃避，走入草中。其失氎者先于氎头[3]裹一金钱，便语贼言："此衣适可直一枚金钱，我今求以一枚金钱而用赎之。"贼言："金钱今在何处？"即便氎头解取示之，而语贼言："此是真金，若不信我语，今此草中有好金师[4]，可往问之。"贼既见之，复取其衣。如是愚人氎与金钱一切都失。自失其利，复使彼失。

凡夫之人，亦复如是。修行道品[5]，作诸功德，为烦恼贼之所劫掠，失其善法，丧诸功德。不但自失其利，复使馀人失其道业[6]，身坏命终，堕三恶道。如彼愚人，彼此都失。

[注释]

①氎（dié）：细棉布。②剥：扒下、抢走。③氎头：氎头，指衣服领子。④好金师：指善于打造黄金制品的工匠，或指擅长鉴别黄金真伪的人。⑤道品：道，指通达；品，指类别、层次。指经过修行证悟通达解脱的道路和方法，可作为不同人等的区别和层次。分为三十七道品，是对佛教传统修持的全面概括。⑥道业：指以善行修持的"业"，可以获得佛果。

[译文]

从前有两个人，结伴在荒无人烟的山野中走路。一人身上穿着一件棉衣，途中被强盗抢走。另外一人逃脱了躲在草丛中。那个丢了棉衣的人之前曾在衣服领子里放了一枚金币，便对盗贼说：“这件衣服正好值一个金币，现在我要求用一个金币把衣服赎回来。”强盗说：“金币现在在哪里？”于是他便翻开衣服领子取出金币给强盗看，并且对强盗说：“这可是真的金子哦。你如果不相信我说的话，现在在这草丛中，正好有一个高明的金匠，你可以去让他鉴别一下。”强盗既然已经看见躲在草丛中的那个人，于是又把那人的衣服抢走了。像这样的愚人，最后衣服和金币都丢失了。不仅自己丢了财物，还连累同伴也被抢劫了。

很多平庸之人，也是这样的。修行各种道行，做了许多功德，但由于六根未净一旦遭到烦恼困扰，就丧失了原有的道行及各种功德。而且不仅自己丢失了善法和功德，还连累其他修行者也丧失了能够通达佛果的功德。最后生命垂危之际，只能堕入地狱、饿鬼、畜生三恶道之中。正如那个愚人，连累同伴也被打劫。

[评析]

在修行之路上，妄念痴见犹如烦恼盗贼，随时能夺走清净佛智、丧失人生大宝。如此，不仅不能成就自己，还将连累众生。

98. 小儿得大龟喻

昔有一小儿，陆地[①]游戏，得一大龟，意欲杀之，不知方便[②]，而问人言："云何得杀？"有人语言："汝但[③]掷置水中，即时可杀。"尔时小儿信其语故，即掷水中。龟得水已，即便走去。

凡夫之人，亦复如是。欲守护六根，修诸功德，不解方便，而问人言："作何因缘而得解脱？"邪见外道、天魔波旬[④]及恶知识而语之言："汝但极意[⑤]六尘[⑥]、恣情五欲[⑦]，如我语者，必得解脱。"如是愚人，不谛思维[⑧]，便用其语，身坏命终，堕三恶道。如彼小儿掷龟水中。

[注释]

①陆地：指地球表面除去海洋、江河湖泊的部分，文中指海边的地上。②方便：指方法、途径。③但：只，只要。④天魔波旬：波旬，恶魔名，是欲界第六天的魔王。"波旬"意译指杀者、恶者，因为他常想断灭人寻求佛法的慧根，阻挠人们修行佛法，劝人弃善从恶。⑤极意：极力着意、纵情。与下文"恣情"对应。⑥六尘：指眼、耳、鼻、舌、身、意等"六识"所对应的色、声、香、味、触、法等"六境"，佛教以此六境是产生物欲的基础，能污染心性，是正智的障碍。又称"六妄"、"六贼"，与六根合称"十二处"。⑦五欲：指能引起众生情欲的色、声、香、味、触等"五境"。色欲指为眼所见的种种美色，声欲指为耳所听的种种妙声，香欲指为鼻所嗅的种种香气，味欲指为口

舌所尝的种种美味，触欲指经由肉体接触产生快感的种种好物。也指财欲、色欲、饮食欲、明欲、睡眠欲。佛教认为这是众生产生烦恼，流转生死，不能超脱的直接原因。⑧不谛思维：不认真地去观察思考。

［译文］

从前有个小孩儿，在海边玩耍，捉到了一只大乌龟。他想把它杀了，可又不知应该如何杀。就问其他人："你说怎样可以把它杀死呢？"有人就告诉他说："你只要把龟扔到大海里，便马上可以杀死它了。"小孩听了这话便信以为真，立刻把龟扔进水里，龟一入水，立刻便游走了。

世间凡夫俗子也是这样。他们想守护眼耳鼻舌身意这六根，抵御外界的感官诱惑，修行种种功德善业，却始终没有参透通达涅槃的方法途径。于是向他人询问："怎样做才能帮助我解脱呢？"阻挠人修行佛法的邪魔外道波旬，通过他的狐朋狗友对他说："你只要纵情声色香味触法这六种欲望之境，恣意享受财色名食睡这五种欲望的快感，听我的话，一定能得以解脱。"像这样的愚人，不认真仔细地辨别思考，就听从这种恶劣的引导，到了生命将要结束之时，堕入地狱、饿鬼、畜生之道中。正如那个小孩把龟丢进水中一样，不仅不能将它杀死反而让它跑了，愚人纵情恣意，非但无法得以解脱，反而由于六根未净而堕入恶道。

［评析］

从善如登，从恶如崩。这则故事再一次点明了全书的主旨。故事中的小儿比喻修行之初的人很容易被误导，很难识别真正能够通向解脱的正途。而那个诱骗小儿的人正比喻外道，大海龟很明显是比喻尘世纷繁的欲望，修行之人本想灭除这些欲望，可是外道却错误地要人们将其放纵，也就重新点燃了人们心中的欲望之火，在佛教看来这无疑禁断了通向涅槃的道路。《百喻经》正是要纠正外道的种种错误说法，引导人们踏上正确的修行之路。

偈颂

此论我所造，和合喜笑语。
多[1]损正实说，观义应不应。
如似苦毒[2]药，和合于石蜜。
药为破坏病，此论亦如是。
正法中戏笑，譬如彼狂药。
佛正法寂定，明照于世间。
如服吐下药，以酥润体中。
我今以此义，显发于寂定。
如阿伽陀[3]药，树叶而裹之。
取药涂毒竟，树叶还弃之。
戏笑如叶裹，实义在其中。
智者取正义，戏笑便应弃。

尊者[4]僧伽斯那[5]造作[6]《痴花鬘[7]》竟。

[注释]

①多：有所裨益、有利于。②苦毒：形容程度极深的痛苦。③阿伽陀：梵文意为“普去”，即除去疾病；又意为“无价”，即表示这种药的功效很好，可以治百病，是无价之宝。④尊者：佛教中对德智兼备的僧人的尊称。⑤僧伽斯那：古天竺高僧。⑥造作：本文指编写。⑦痴花鬘：《百喻经》的别名，意

为愚人们的许多奇妙又有启发意义的故事。

[译文]

这部著作由我编撰解说，中间揉合种种嬉笑调侃。
也许多少损害真实学说，就看它跟教义是否相应。
这好比服用苦辣的烈药，中间搀和着甜蜜的砂糖。
服用烈药为了治愈疾病，我这经解当然也是如此。
讲经说法插入嬉笑调侃，好比苦药中放进些砂糖。
佛门正法推助心定神安，佛光普照人世一切地方。
像服用上吐下泻的药物，用来滋润洗净五阴之身。
我现在也根据这一道理，申明阐扬教义中的寂定。
那包治百病的灵丹妙药，先用树叶把它紧紧包好。
待到把药涂抹毒疮完毕，就将把裹药的树叶抛掉。
嬉笑调侃就是这些树叶，真实的意义都包含其中。
聪明的人从中吸取正义，那些树叶自当统统舍弃。

尊者僧伽斯那编《痴花鬘》就完成了。

[评析]

全书的最后交代了一下写作方式，揭示对书中近百个比喻故事应该得其意而不应执著于文字言语；应该将领悟到的道理用于指导修行的实践，而不应只沉浸于故事本身带来的快乐。只有这样才能算是真正理解了佛门教诲。